TRANZLATY

Language is for everyone

Språk är till för alla

The Call of the Wild

Skriet från vildmarken

Jack London

English / Svenska

Into the Primitive
In i det primitiva

Buck did not read the newspapers.
Buck läste inte tidningarna.

Had he read the newspapers he would have known trouble was brewing.
Om han hade läst tidningarna hade han vetat att problem var på gång.

There was trouble not alone for himself, but for every tidewater dog.
Det var problem inte bara för honom själv, utan för varje tidvattenshund.

Every dog strong of muscle and with warm, long hair was going to be in trouble.
Varje hund med starka muskler och varm, lång päls skulle få problem.

From Puget Bay to San Diego no dog could escape what was coming.
Från Puget Bay till San Diego kunde ingen hund undkomma det som väntade.

Men, groping in the Arctic darkness, had found a yellow metal.
Män, som trevade i det arktiska mörkret, hade funnit en gul metall.

Steamship and transportation companies were chasing the discovery.
Ångfartygs- och transportföretag jagade upptäckten.

Thousands of men were rushing into the Northland.
Tusentals män rusade in i Nordlandet.

These men wanted dogs, and the dogs they wanted were heavy dogs.
Dessa män ville ha hundar, och hundarna de ville ha var tunga hundar.

Dogs with strong muscles by which to toil.
Hundar med starka muskler att slita med.

Dogs with furry coats to protect them from the frost.

Hundar med päls som skyddar dem mot frosten.

Buck lived at a big house in the sun-kissed Santa Clara Valley.
Buck bodde i ett stort hus i den solkyssta Santa Clara Valley.
Judge Miller's place, his house was called.
Domare Millers plats, hans hus kallades.
His house stood back from the road, half hidden among the trees.
Hans hus stod en bit från vägen, halvt dolt bland träden.
One could get glimpses of the wide veranda running around the house.
Man kunde få glimtar av den breda verandan som löpte runt huset.
The house was approached by graveled driveways.
Huset nåddes via grusade uppfarter.
The paths wound about through wide-spreading lawns.
Stigarna slingrade sig genom vidsträckta gräsmattor.
Overhead were the interlacing boughs of tall poplars.
Ovanför låg de sammanflätade grenarna av höga popplar.
At the rear of the house things were on even more spacious.
På baksidan av huset var det ännu rymligare.
There were great stables, where a dozen grooms were chatting
Det fanns stora stall, där ett dussin brudgummar pratade
There were rows of vine-clad servants' cottages
Det fanns rader av vinrankklädda tjänstefolksstugor
And there was an endless and orderly array of outhouses
Och det fanns en oändlig och ordnad samling av uthus
Long grape arbors, green pastures, orchards, and berry patches.
Långa vinbärsträd, gröna betesmarker, fruktträdgårdar och bärfält.
Then there was the pumping plant for the artesian well.
Sedan fanns det pumpanläggningen för den artesiska brunnen.
And there was the big cement tank filled with water.

Och där stod den stora cementtanken fylld med vatten.

Here Judge Miller's boys took their morning plunge.

Här tog domare Millers pojkar sitt morgondopp.

And they cooled down there in the hot afternoon too.

Och de svalkade sig där även på den varma eftermiddagen.

And over this great domain, Buck was the one who ruled all of it.

Och över detta stora domänområde var det Buck som styrde alltihop.

Buck was born on this land and lived here all his four years.

Buck föddes på denna mark och bodde här alla sina fyra år.

There were indeed other dogs, but they did not truly matter.

Det fanns visserligen andra hundar, men de spelade egentligen ingen roll.

Other dogs were expected in a place as vast as this one.

Andra hundar förväntades på en plats så vidsträckt som denna.

These dogs came and went, or lived inside the busy kennels.

Dessa hundar kom och gick, eller bodde inne i de livliga kennlarna.

Some dogs lived hidden in the house, like Toots and Ysabel did.

Några hundar bodde gömda i huset, precis som Toots och Ysabel gjorde.

Toots was a Japanese pug, Ysabel a Mexican hairless dog.

Toots var en japansk mops, Ysabel en mexikansk hårlös hund.

These strange creatures rarely stepped outside the house.

Dessa märkliga varelser gick sällan utanför huset.

They did not touch the ground, nor sniff the open air outside.

De varken rörde marken eller luktade i den öppna luften utanför.

There were also the fox terriers, at least twenty in number.

Det fanns också foxterriererna, minst tjugo till antalet.

These terriers barked fiercely at Toots and Ysabel indoors.

Dessa terrierer skällde ilsket på Toots och Ysabel inomhus.

Toots and Ysabel stayed behind windows, safe from harm.

Toots och Ysabel stannade bakom fönstren, skyddade från fara.

They were guarded by housemaids with brooms and mops.

De bevakades av hushjälpar med kvastar och moppar.

But Buck was no house-dog, and he was no kennel-dog either.

Men Buck var ingen hushund, och han var ingen kennelhund heller.

The entire property belonged to Buck as his rightful realm.

Hela egendomen tillhörde Buck som hans rättmätiga rike.

Buck swam in the tank or went hunting with the Judge's sons.

Buck simmade i dammen eller gick på jakt med domarens söner.

He walked with Mollie and Alice in the early or late hours.

Han promenerade med Mollie och Alice under de tidiga eller sena timmarna.

On cold nights he lay before the library fire with the Judge.

På kalla nätter låg han framför bibliotekets eld med domaren.

Buck gave rides to the Judge's grandsons on his strong back.

Buck skjutsade domarens barnbarn på sin starka rygg.

He rolled in the grass with the boys, guarding them closely.

Han rullade sig i gräset med pojkarna och vaktade dem noga.

They ventured to the fountain and even past the berry fields.

De vågade sig till fontänen och till och med förbi bärfälten.

Among the fox terriers, Buck walked with royal pride always.

Bland foxterriererna vandrade Buck alltid med kunglig stolthet.

He ignored Toots and Ysabel, treating them like they were air.

Han ignorerade Toots och Ysabel och behandlade dem som om de vore luft.

Buck ruled over all living creatures on Judge Miller's land.

Buck härskade över alla levande varelser på domare Millers mark.

He ruled over animals, insects, birds, and even humans.

Han härskade över djur, insekter, fåglar och till och med människor.

Buck's father Elmo had been a huge and loyal St. Bernard.
Bucks far Elmo hade varit en enorm och lojal sankt bernhardshund.

Elmo never left the Judge's side, and served him faithfully.
Elmo lämnade aldrig domarens sida och tjänade honom troget.

Buck seemed ready to follow his father's noble example.
Buck verkade redo att följa sin fars ädla exempel.

Buck was not quite as large, weighing one hundred and forty pounds.
Buck var inte riktigt lika stor, vägde fyrahundra kilo.

His mother, Shep, had been a fine Scotch shepherd dog.
Hans mor, Shep, hade varit en fin skotsk herdehund.

But even at that weight, Buck walked with regal presence.
Men även med den vikten gick Buck med kunglig närvaro.

This came from good food and the respect he always received.
Detta kom sig av god mat och den respekt han alltid fick.

For four years, Buck had lived like a spoiled nobleman.
I fyra år hade Buck levt som en bortskämd adelsman.

He was proud of himself, and even slightly egotistical.
Han var stolt över sig själv, och till och med lite egoistisk.

That kind of pride was common in remote country lords.
Den sortens stolthet var vanlig bland avlägsna landsherrar.

But Buck saved himself from becoming pampered house-dog.
Men Buck räddade sig från att bli en bortskämd hushund.

He stayed lean and strong through hunting and exercise.
Han höll sig smal och stark genom jakt och motion.

He loved water deeply, like people who bathe in cold lakes.
Han älskade vatten djupt, liksom människor som badar i kalla sjöar.

This love for water kept Buck strong, and very healthy.
Denna kärlek till vatten höll Buck stark och mycket frisk.

This was the dog Buck had become in the fall of 1897.

Det här var hunden Buck hade blivit hösten 1897.
When the Klondike strike pulled men to the frozen North.
När Klondike-attacken drog män till det frusna norr.
People rushed from all over the world into the cold land.
Människor rusade från hela världen in i det kalla landet.
Buck, however, did not read the papers, nor understand news.
Buck läste emellertid varken tidningar eller nyheter.
He did not know Manuel was a bad man to be around.
Han visste inte att Manuel var en dålig man att vara i närheten av.
Manuel, who helped in the garden, had a deep problem.
Manuel, som hjälpte till i trädgården, hade ett djupt problem.
Manuel was addicted to gambling in the Chinese lottery.
Manuel var spelberoende i det kinesiska lotteriet.
He also believed strongly in a fixed system for winning.
Han trodde också starkt på ett fast system för att vinna.
That belief made his failure certain and unavoidable.
Den tron gjorde hans misslyckande säkert och oundvikligt.
Playing a system demands money, which Manuel lacked.
Att spela ett system kräver pengar, vilket Manuel saknade.
His pay barely supported his wife and many children.
Hans lön försörjde knappt hans fru och många barn.
On the night Manuel betrayed Buck, things were normal.
Natten då Manuel förrådde Buck var allt normalt.
The Judge was at a Raisin Growers' Association meeting.
Domaren var på ett möte för russinodlareföreningen.
The Judge's sons were busy forming an athletic club then.
Domarens söner var då upptagna med att bilda en idrottsklubb.
No one saw Manuel and Buck leaving through the orchard.
Ingen såg Manuel och Buck gå genom fruktträdgården.
Buck thought this walk was just a simple nighttime stroll.
Buck trodde att den här promenaden bara var en enkel nattpromenad.
They met only one man at the flag station, in College Park.
De mötte bara en man vid flaggstationen i College Park.

That man spoke to Manuel, and they exchanged money.

Mannen pratade med Manuel, och de växlade pengar.

"Wrap up the goods before you deliver them," he suggested.

"Slå in varorna innan du levererar dem", föreslog han.

The man's voice was rough and impatient as he spoke.

Mannens röst var grov och otålig när han talade.

Manuel carefully tied a thick rope around Buck's neck.

Manuel knöt försiktigt ett tjockt rep runt Bucks hals.

"Twist the rope, and you'll choke him plenty"

"Vrid repet, så stryper du honom ordentligt"

The stranger gave a grunt, showing he understood well.

Främlingen grymtade till, vilket visade att han förstod väl.

Buck accepted the rope with calm and quiet dignity that day.

Buck tog emot repet med lugn och stillsam värdighet den dagen.

It was an unusual act, but Buck trusted the men he knew.

Det var en ovanlig handling, men Buck litade på männen han kände.

He believed their wisdom went far beyond his own thinking.

Han trodde att deras visdom sträckte sig långt bortom hans eget tänkande.

But then the rope was handed to the hands of the stranger.

Men sedan räcktes repet i främlingens händer.

Buck gave a low growl that warned with quiet menace.

Buck gav ifrån sig ett lågt morrande som varnade med stillsam hot.

He was proud and commanding, and meant to show his displeasure.

Han var stolt och befallande, och hade för avsikt att visa sitt missnöje.

Buck believed his warning would be understood as an order.

Buck trodde att hans varning skulle tolkas som en order.

To his shock, the rope tightened fast around his thick neck.

Till hans chock spändes repet hårt runt hans tjocka hals.

His air was cut off and he began to fight in a sudden rage.

Hans luft stängdes av och han började slåss i ett plötsligt raseri.

He sprang at the man, who quickly met Buck in mid-air.

Han sprang mot mannen, som snabbt mötte Buck i luften.

The man grabbed Buck's throat and skillfully twisted him in the air.

Mannen grep tag i Bucks hals och vred skickligt upp honom i luften.

Buck was thrown down hard, landing flat on his back.

Buck kastades hårt omkull och landade platt på rygg.

The rope now choked him cruelly while he kicked wildly.

Repet strypte honom nu grymt medan han sparkade vilt.

His tongue fell out, his chest heaved, but gained no breath.

Hans tunga föll ut, hans bröstkorg hävdes, men han fick ingen andning.

He had never been treated with such violence in his life.

Han hade aldrig blivit behandlad med sådant våld i sitt liv.

He had also never been filled with such deep fury before.

Han hade inte heller varit fylld av en sådan djup ilska förut.

But Buck's power faded, and his eyes turned glassy.

Men Bucks kraft bleknade, och hans ögon blev glasartade.

He passed out just as a train was flagged down nearby.

Han svimmade precis när ett tåg stannade till i närheten.

Then the two men tossed him into the baggage car quickly.

Sedan kastade de två männen honom snabbt in i bagagevagnen.

The next thing Buck felt was pain in his swollen tongue.

Nästa sak Buck kände var smärta i sin svullna tunga.

He was moving in a shaking cart, only dimly conscious.

Han rörde sig i en skakande vagn, endast svagt medvetande.

The sharp scream of a train whistle told Buck his location.

Det skarpa skriket från en tågvissla avslöjade Bucks position.

He had often ridden with the Judge and knew the feeling.

Han hade ofta åkt med domaren och kände igen känslan.

It was the unique jolt of traveling in a baggage car again.

Det var den unika känslan av att resa i en bagagevagn igen.

Buck opened his eyes, and his gaze burned with rage.

Buck öppnade ögonen, och hans blick brann av ilska.

This was the anger of a proud king taken from his throne.

Detta var vreden hos en stolt kung som tagen från sin tron.

A man reached to grab him, but Buck struck first instead.

En man sträckte sig för att gripa tag i honom, men Buck slog till först istället.

He sank his teeth into the man's hand and held tightly.

Han bet tänderna i mannens hand och höll hårt.

He did not let go until he blacked out a second time.

Han släppte inte taget förrän han tappade sinnestillståndet en andra gång.

"Yep, has fits," the man muttered to the baggageman.

"Japp, får kramper", muttrade mannen till bagagevakten.

The baggageman had heard the struggle and come near.

Bagagebäraren hade hört bråket och kom närmare.

"I'm taking him to 'Frisco for the boss," the man explained.

"Jag tar honom till 'Frisco för chefens skull", förklarade mannen.

"There's a fine dog-doctor there who says he can cure them."

"Det finns en duktig hundläkare där som säger att han kan bota dem."

Later that night the man gave his own full account.

Senare samma kväll gav mannen sin egen fullständiga redogörelse.

He spoke from a shed behind a saloon on the docks.

Han talade från ett skjul bakom en saloon vid kajen.

"All I was given was fifty dollars," he complained to the saloon man.

"Allt jag fick var femtio dollar", klagade han till saloonmannen.

"I wouldn't do it again, not even for a thousand in cold cash."

"Jag skulle inte göra det igen, inte ens för tusen i kontanter."

His right hand was tightly wrapped in a bloody cloth.

Hans högra hand var hårt inlindad i en blodig duk.

His trouser leg was torn wide open from knee to foot.

Hans byxben var vidöppet från knä till fot.

"How much did the other mug get paid?" asked the saloon man.

"Hur mycket fick den andra muggen betalt?" frågade saloonkarlen.

"A hundred," the man replied, "he wouldn't take a cent less."

"Hundra", svarade mannen, "han skulle inte ta ett öre mindre."

"That comes to a hundred and fifty," the saloon man said.

"Det blir hundrafemtio", sa saloonkarlen.

"And he's worth it all, or I'm no better than a blockhead."

"Och han är värd allt, annars är jag inte bättre än en tråkig person."

The man opened the wrappings to examine his hand.

Mannen öppnade omslaget för att undersöka sin hand.

The hand was badly torn and crusted in dried blood.

Handen var illa sönderriven och täckt av torkat blod.

"If I don't get the hydrophobia..." he began to say.

"Om jag inte får vattenfobi..." började han säga.

"It'll be because you were born to hang," came a laugh.

"Det är för att du är född för att hänga", kom ett skratt.

"Come help me out before you get going," he was asked.

"Kom och hjälp mig innan du går", blev han ombedd.

Buck was in a daze from the pain in his tongue and throat.

Buck var omtöcknad av smärtan i tungan och halsen.

He was half-strangled, and could barely stand upright.

Han var halvt strypt och kunde knappt stå upprätt.

Still, Buck tried to face the men who had hurt him so.

Ändå försökte Buck konfrontera männen som hade sårat honom så.

But they threw him down and choked him once again.

Men de kastade ner honom och strypte honom återigen.

Only then could they saw off his heavy brass collar.

Först då kunde de såga av hans tunga mässingskrage.

They removed the rope and shoved him into a crate.

De tog bort repet och knuffade ner honom i en låda.

The crate was small and shaped like a rough iron cage.

Lådan var liten och formad som en grov järnbur.

Buck lay there all night, filled with wrath and wounded pride.

Buck låg där hela natten, fylld av vrede och sårad stolthet.

He could not begin to understand what was happening to him.

Han kunde inte börja förstå vad som hände med honom.

Why were these strange men keeping him in this small crate?

Varför höll dessa konstiga män honom i den här lilla lådan?

What did they want with him, and why this cruel captivity?

Vad ville de med honom, och varför denna grymma fångenskap?

He felt a dark pressure; a sense of disaster drawing closer.

Han kände ett mörkt tryck; en känsla av att katastrofen närmade sig.

It was a vague fear, but it settled heavily on his spirit.

Det var en vag rädsla, men den satte sig tungt i hans själ.

Several times he jumped up when the shed door rattled.

Flera gånger hoppade han upp när skjuldörren skallrade.

He expected the Judge or the boys to appear and rescue him.

Han förväntade sig att domaren eller pojkarna skulle dyka upp och rädda honom.

But only the saloon-keeper's fat face peeked inside each time.

Men bara saloonvärdens feta ansikte kikade in varje gång.

The man's face was lit by the dim glow of a tallow candle.

Mannens ansikte upplystes av det svaga skenet från ett talgljus.

Each time, Buck's joyful bark changed to a low, angry growl.

Varje gång förändrades Bucks glada skall till ett lågt, ilsket morrande.

The saloon-keeper left him alone for the night in the crate

Saloonvärden lämnade honom ensam i buren över natten

But when he awoke in the morning more men were coming.

Men när han vaknade på morgonen kom fler män.

Four men came and gingerly picked up the crate without a word.
Fyra män kom och plockade försiktigt upp lådan utan ett ord.
Buck knew at once the situation he found himself in.
Buck förstod genast vilken situation han befann sig i.
They were further tormentors that he had to fight and fear.
De var ytterligare plågoandar som han var tvungen att bekämpa och frukta.
These men looked wicked, ragged, and very badly groomed.
Dessa män såg onda, slitna och mycket illa preparerade ut.
Buck snarled and lunged at them fiercely through the bars.
Buck morrade och kastade sig våldsamt mot dem genom gallren.
They just laughed and jabbed at him with long wooden sticks.
De bara skrattade och stack efter honom med långa träkäppar.
Buck bit at the sticks, then realized that was what they liked.
Buck bet i pinnarna, men insåg sedan att det var vad de gillade.
So he lay down quietly, sullen and burning with quiet rage.
Så lade han sig ner tyst, mutt och brinnande av stilla raseri.
They lifted the crate into a wagon and drove away with him.
De lyfte upp lådan i en vagn och körde iväg med honom.
The crate, with Buck locked inside, changed hands often.
Lådan, med Buck inlåst inuti, bytte ofta ägare.
Express office clerks took charge and handled him briefly.
Expresskontorets tjänstemän tog över och hanterade honom kort.
Then another wagon carried Buck across the noisy town.
Sedan bar en annan vagn Buck tvärs över den bullriga staden.
A truck took him with boxes and parcels onto a ferry boat.
En lastbil tog honom med lådor och paket till en färja.
After crossing, the truck unloaded him at a rail depot.
Efter att ha korsat lossade lastbilen honom vid en järnvägsdepå.
At last, Buck was placed inside a waiting express car.
Till slut placerades Buck i en väntande expressvagn.

For two days and nights, trains pulled the express car away.

I två dagar och nätter drog tågen bort expressvagnen.

Buck neither ate nor drank during the whole painful journey.

Buck varken åt eller drack under hela den smärtsamma resan.

When the express messengers tried to approach him, he growled.

När expressbuden försökte närma sig honom morrade han.

They responded by mocking him and teasing him cruelly.

De svarade med att håna honom och reta honom grymt.

Buck threw himself at the bars, foaming and shaking

Buck kastade sig mot gallren, skummande och skakande

they laughed loudly, and taunted him like schoolyard bullies.

De skrattade högt och hånade honom som skolgårdsmobbare.

They barked like fake dogs and flapped their arms.

De skällde som låtsashundar och flaxade med armarna.

They even crowed like roosters just to upset him more.

De gol till och med som tuppar bara för att göra honom ännu mer upprörd.

It was foolish behavior, and Buck knew it was ridiculous.

Det var dumt beteende, och Buck visste att det var löjligt.

But that only deepened his sense of outrage and shame.

Men det fördjupade bara hans känsla av upprördhet och skam.

He was not bothered much by hunger during the trip.

Han var inte särskilt hungerbesvärad under resan.

But thirst brought sharp pain and unbearable suffering.

Men törsten medförde skarp smärta och outhärdligt lidande.

His dry, inflamed throat and tongue burned with heat.

Hans torra, inflammerade hals och tunga brände av hetta.

This pain fed the fever rising within his proud body.

Denna smärta gav näring åt febern som steg i hans stolta kropp.

Buck was thankful for one single thing during this trial.

Buck var tacksam för en enda sak under den här rättegången.

The rope had been removed from around his thick neck.

Repet hade tagits bort runt hans tjocka hals.

The rope had given those men an unfair and cruel advantage.

Repet hade gett dessa män en orättvis och grym fördel.

Now the rope was gone, and Buck swore it would never return.

Nu var repet borta, och Buck svor att det aldrig skulle återvända.

He resolved no rope would ever go around his neck again.

Han bestämde sig för att inget rep någonsin skulle gå runt hans hals igen.

For two long days and nights, he suffered without food.

I två långa dagar och nätter led han utan mat.

And in those hours, he built up an enormous rage inside.

Och under de timmarna byggde han upp en enorm ilska inom sig.

His eyes turned bloodshot and wild from constant anger.

Hans ögon blev blodsprängda och vilda av ständig ilska.

He was no longer Buck, but a demon with snapping jaws.

Han var inte längre Buck, utan en demon med smällande käkar.

Even the Judge would not have known this mad creature.

Inte ens domaren skulle ha känt igen denna galna varelse.

The express messengers sighed in relief when they reached Seattle

Expressbuden suckade av lättnad när de nådde Seattle

Four men lifted the crate and brought it to a back yard.

Fyra män lyfte lådan och bar den till en bakgård.

The yard was small, surrounded by high and solid walls.

Gården var liten, omgiven av höga och solida murar.

A big man stepped out in a sagging red sweater shirt.

En stor man klev ut i en hängande röd tröja.

He signed the delivery book with a thick and bold hand.

Han signerade leveransboken med tjock och djärv handstil.

Buck sensed at once that this man was his next tormentor.

Buck anade genast att den här mannen var hans nästa plågoande.

He lunged violently at the bars, eyes red with fury.

Han kastade sig våldsamt mot gallren, ögonen röda av ilska.

The man just smiled darkly and went to fetch a hatchet.

Mannen log bara dystert och gick för att hämta en yxa.

He also brought a club in his thick and strong right hand.

Han hade också med sig en klubba i sin tjocka och starka högra hand.

"You going to take him out now?" the driver asked, concerned.

"Ska du köra ut honom nu?" frågade föraren oroligt.

"Sure," said the man, jamming the hatchet into the crate as a lever.

"Visst", sa mannen och tryckte in yxan i lådan som en hävstång.

The four men scattered instantly, jumping up onto the yard wall.

De fyra männen skingrades genast och hoppade upp på gårdsmuren.

From their safe spots above, they waited to watch the spectacle.

Från sina trygga platser ovanför väntade de på att bevittna spektaklet.

Buck lunged at the splintered wood, biting and shaking fiercely.

Buck kastade sig mot det splittrade träet, bet och skakade häftigt.

Each time the hatchet hit the cage), Buck was there to attack it.

Varje gång yxan träffade buren) var Buck där för att attackera den.

He growled and snapped with wild rage, eager to be set free.

Han morrade och fräste av vild ilska, ivrig att bli fri.

The man outside was calm and steady, intent on his task.

Mannen utanför var lugn och stadig, fokuserad på sin uppgift.

"Right then, you red-eyed devil," he said when the hole was large.

"Ja då, din rödögda djävul", sa han när hålet var stort.

He dropped the hatchet and took the club in his right hand.
Han släppte yxan och tog klubban i sin högra hand.
Buck truly looked like a devil; eyes bloodshot and blazing.
Buck såg verkligen ut som en djävul; ögonen blodsprängda
och flammande.
His coat bristled, foam frothed at his mouth, eyes glinting.
Hans päls borstade, skum skummade vid munnen och ögonen
glittrade.
**He bunched his muscles and sprang straight at the red
sweater.**
Han spände musklerna och hoppade rakt på den röda tröjan.
One hundred and forty pounds of fury flew at the calm man.
Ett hundrafyrtio pund raseri flög mot den lugne mannen.
**Just before his jaws clamped shut, a terrible blow struck
him.**
Precis innan hans käkar spändes igen drabbades han av ett
fruktansvärt slag.
His teeth snapped together on nothing but air
Hans tänder knäppte ihop på ingenting annat än luft
a jolt of pain reverberated through his body
en smärtstöt sköljde genom hans kropp
He flipped midair and crashed down on his back and side.
Han voltade mitt i luften och föll ner på rygg och sida.
**He had never before felt a club's blow and could not grasp
it.**
Han hade aldrig förut känt ett klubbslag och kunde inte fatta
det.
**With a shrieking snarl, part bark, part scream, he leaped
again.**
Med ett skrikande morrande, delvis skall, delvis skrik,
hoppade han upp igen.
Another brutal strike hit him and hurled him to the ground.
Ännu ett brutalt slag träffade honom och kastade honom till
marken.
This time Buck understood—it was the man's heavy club.
Den här gången förstod Buck – det var mannens tunga klubba.
But rage blinded him, and he had no thought of retreat.

Men raseriet förblindade honom, och han tänkte inte på
reträtt.

Twelve times he launched himself, and twelve times he fell.
Tolv gånger kastade han sig, och tolv gånger föll han.

**The wooden club smashed him each time with ruthless,
crushing force.**
Träklubban krossade honom varje gång med hänsynslös,
krossande kraft.

**After one fierce blow, he staggered to his feet, dazed and
slow.**
Efter ett hårt slag stapplade han upp, omtöcknad och långsam.

Blood ran from his mouth, his nose, and even his ears.
Blod rann från hans mun, näsa och till och med öron.

His once-beautiful coat was smeared with bloody foam.
Hans en gång så vackra kappa var nedsmetad med blodigt
skum.

**Then the man stepped up and struck a wicked blow to the
nose.**
Sedan klev mannen fram och slog honom rejält mot näsan.

The agony was sharper than anything Buck had ever felt.
Smärtan var skarpare än något Buck någonsin hade känt.

With a roar more beast than dog, he leaped again to attack.
Med ett vrål, mer odjur än hund, sprang han återigen till
attack.

But the man caught his lower jaw and twisted it backward.
Men mannen grep tag i hans underkäke och vred den bakåt.

Buck flipped head over heels, crashing down hard again.
Buck vände huvudstupa och föll hårt omkull igen.

**One final time, Buck charged at him, now barely able to
stand.**
En sista gång stormade Buck honom, nu knappt i stånd att stå
upp.

**The man struck with expert timing, delivering the final
blow.**
Mannen slog till med skicklig tajming och utdelade det sista
slaget.

Buck collapsed in a heap, unconscious and unmoving.

Buck kollapsade i en hög, medvetslös och orörlig.

"He's no slouch at dog-breaking, that's what I say," a man yelled.

"Han är inte slöfock på att knäcka hundar, det är vad jag säger", skrek en man.

"Druther can break the will of a hound any day of the week."

"Druther kan krossa en hunds vilja vilken dag som helst i veckan."

"And twice on a Sunday!" added the driver.

"Och två gånger på en söndag!" tillade föraren.

He climbed into the wagon and cracked the reins to leave.

Han klättrade in i vagnen och knäckte tyglarna för att ge sig av.

Buck slowly regained control of his consciousness

Buck återfick långsamt kontrollen över sitt medvetande

but his body was still too weak and broken to move.

men hans kropp var fortfarande för svag och bruten för att röra sig.

He lay where he had fallen, watching the red-sweatered man.

Han låg där han hade fallit och tittade på den rödtröjade mannen.

"He answers to the name of Buck," the man said, reading aloud.

"Han svarar på namnet Buck", sa mannen och läste högt.

He quoted from the note sent with Buck's crate and details.

Han citerade från meddelandet som skickades med Bucks låda och detaljer.

"Well, Buck, my boy," the man continued with a friendly tone,

"Nåväl, Buck, min pojke", fortsatte mannen med vänlig ton,

"we've had our little fight, and now it's over between us."

"Vi har haft vårt lilla gräl, och nu är det över mellan oss."

"You've learned your place, and I've learned mine," he added.

"Du har lärt dig din plats, och jag har lärt mig min", tillade han.

"Be good, and all will go well, and life will be pleasant."
"Var snäll, så går allt bra, och livet blir behagligt."

"But be bad, and I'll beat the stuffing out of you, understand?"
"Men var du elak, så slår jag stoppningen ur dig, förstår du?"

As he spoke, he reached out and patted Buck's sore head.
Medan han talade sträckte han ut handen och klappade Bucks ömma huvud.

Buck's hair rose at the man's touch, but he didn't resist.
Bucks hår reste sig vid mannens beröring, men han gjorde inget motstånd.

The man brought him water, which Buck drank in great gulps.
Mannen bar honom vatten, som Buck drack i stora klunkar.

Then came raw meat, which Buck devoured chunk by chunk.
Sedan kom rått kött, som Buck slukade bit för bit.

He knew he was beaten, but he also knew he wasn't broken.
Han visste att han var slagen, men han visste också att han inte var knäckt.

He had no chance against a man armed with a club.
Han hade ingen chans mot en man beväpnad med en klubba.

He had learned the truth, and he never forgot that lesson.
Han hade lärt sig sanningen, och han glömde aldrig den läxan.

That weapon was the beginning of law in Buck's new world.
Det vapnet var början på lagen i Bucks nya värld.

It was the start of a harsh, primitive order he could not deny.
Det var början på en hård, primitiv ordning som han inte kunde förneka.

He accepted the truth; his wild instincts were now awake.
Han accepterade sanningen; hans vilda instinkter var nu vakna.

The world had grown harsher, but Buck faced it bravely.
Världen hade blivit hårdare, men Buck mötte den tappert.

He met life with new caution, cunning, and quiet strength.

Han mötte livet med ny försiktighet, slughet och stilla styrka.

More dogs arrived, tied in ropes or crates like Buck had been.

Fler hundar anlände, bundna i rep eller burar precis som Buck hade varit.

Some dogs came calmly, others raged and fought like wild beasts.

Några hundar kom lugnt, andra rasade och slogs som vilda djur.

All of them were brought under the rule of the red-sweatered man.

Alla av dem fördes under den rödtröjade mannens styre.

Each time, Buck watched and saw the same lesson unfold.

Varje gång tittade Buck på och såg samma lärdom utvecklas.

The man with the club was law; a master to be obeyed.

Mannen med klubban var lagen; en mästare att lyda.

He did not need to be liked, but he had to be obeyed.

Han behövde inte bli omtyckt, men han var tvungen att bli åtlydd.

Buck never fawned or wagged like the weaker dogs did.

Buck fjäskade eller viftade aldrig som de svagare hundarna gjorde.

He saw dogs that were beaten and still licked the man's hand.

Han såg hundar som var slagna och ändå slickade mannens hand.

He saw one dog who would not obey or submit at all.

Han såg en hund som varken lydde eller underkastade sig något alls.

That dog fought until he was killed in the battle for control.

Den hunden kämpade tills han dödades i kampen om kontrollen.

Strangers would sometimes come to see the red-sweatered man.

Främlingar kom ibland för att se den rödtröjade mannen.

They spoke in strange tones, pleading, bargaining, and laughing.

De talade i underlig ton, vädjade, prutade och skrattade.

When money was exchanged, they left with one or more dogs.

När pengar växlades gav de sig av med en eller flera hundar.

Buck wondered where these dogs went, for none ever returned.

Buck undrade vart dessa hundar tog vägen, för ingen återvände någonsin.

fear of the unknown filled Buck every time a strange man came

Rädsla för det okända fyllde Buck varje gång en främmande man kom

he was glad each time another dog was taken, rather than himself.

Han var glad varje gång en annan hund blev tagen, snarare än han själv.

But finally, Buck's turn came with the arrival of a strange man.

Men slutligen kom Bucks tur med ankomsten av en främmande man.

He was small, wiry, and spoke in broken English and curses.

Han var liten, senig och talade bruten engelska och svordomar.

"Sacredam!" he yelled when he laid eyes on Buck's frame.

"Sacredam!" ropade han när han fick syn på Bucks kropp.

"That's one damn bully dog! Eh? How much?" he asked aloud.

"Det där är en förbannad bushund! Va? Hur mycket?" frågade han högt.

"Three hundred, and he's a present at that price,"

"Trehundra, och han är en present för det priset,"

"Since it's government money, you shouldn't complain, Perrault."

"Eftersom det är statliga pengar borde du inte klaga, Perrault."

Perrault grinned at the deal he had just made with the man.

Perrault flinade åt den överenskommelse han just hade ingått med mannen.

The price of dogs had soared due to the sudden demand.

Priset på hundar hade skjutit i höjden på grund av den plötsliga efterfrågan.

Three hundred dollars wasn't unfair for such a fine beast.

Trehundra dollar var inte orättvist för ett så fint djur.

The Canadian Government would not lose anything in the deal

Den kanadensiska regeringen skulle inte förlora något på avtalet

Nor would their official dispatches be delayed in transit.

Inte heller skulle deras officiella försändelser försenas under transporten.

Perrault knew dogs well, and could see Buck was something rare.

Perrault kände hundar väl och kunde se att Buck var något ovanligt.

"One in ten ten-thousand," he thought, as he studied Buck's build.

"En på tio tiotusen", tänkte han, medan han studerade Bucks kroppsbyggnad.

Buck saw the money change hands, but showed no surprise.

Buck såg pengarna byta ägare, men visade ingen förvåning.

Soon he and Curly, a gentle Newfoundland, were led away.

Snart fördes han och Lockig, en vänlig newfoundländsk hund, bort.

They followed the little man from the red sweater's yard.

De följde den lille mannen från den röda tröjans gård.

That was the last Buck ever saw of the man with the wooden club.

Det var det sista Buck någonsin såg av mannen med träklubban.

From the Narwhal's deck he watched Seattle fade into the distance.

Från Narwhals däck såg han Seattle försvinna i fjärran.

It was also the last time he ever saw the warm Southland.

Det var också sista gången han någonsin såg det varma
Söderlandet.

Perrault took them below deck, and left them with François.
Perrault tog dem ner under däck och lämnade dem hos
François.

**François was a black-faced giant with rough, calloused
hands.**
François var en svartansiktad jätte med grova, förhårdnade
händer.

He was dark and swarthy; a half-breed French-Canadian.
Han var mörk och blöt; en halvblod fransk-kanadensare.

To Buck, these men were of a kind he had never seen before.
För Buck var dessa män av ett slag han aldrig hade sett förut.

He would come to know many such men in the days ahead.
Han skulle lära känna många sådana män i de kommande
dagarna.

He did not grow fond of them, but he came to respect them.
Han blev inte förtjust i dem, men han lärde sig att respektera
dem.

They were fair and wise, and not easily fooled by any dog.
De var rättvisa och kloka, och inte lättlurade av någon hund.

**They judged dogs calmly, and punished only when
deserved.**
De dömde hundar lugnt och straffade bara när de var
förtjänta.

In the Narwhal's lower deck, Buck and Curly met two dogs.
På Narwhals nedre däck mötte Buck och Lockig två hundar.

One was a large white dog from far-off, icy Spitzbergen.
En var en stor vit hund från avlägsna, isiga Spetsbergen.

He'd once sailed with a whaler and joined a survey group.
Han hade en gång seglat med en valfångare och gått med i en
undersökningsgrupp.

He was friendly in a sly, underhanded and crafty fashion.
Han var vänlig på ett slugt, lömskt och slugt sätt.

At their first meal, he stole a piece of meat from Buck's pan.
Vid deras första måltid stal han en bit kött från Bucks panna.

Buck jumped to punish him, but François's whip struck first.

Buck hoppade till för att straffa honom, men François piska träffade först.

The white thief yelped, and Buck reclaimed the stolen bone.

Den vita tjuven skrek till, och Buck återtog det stulna benet.

That fairness impressed Buck, and François earned his respect.

Den rättvisan imponerade på Buck, och François förtjänade hans respekt.

The other dog gave no greeting, and wanted none in return.

Den andra hunden gav ingen hälsning och ville inte ha någon tillbaka.

He didn't steal food, nor sniff at the new arrivals with interest.

Han stal inte mat, och han nosade inte intresserat på de nyanlända.

This dog was grim and quiet, gloomy and slow-moving.

Den här hunden var dyster och tyst, dyster och långsam i rörelse.

He warned Curly to stay away by simply glaring at her.

Han varnade Lockig att hålla sig borta genom att helt enkelt stirra på henne.

His message was clear; leave me alone or there'll be trouble.

Hans budskap var tydligt; lämna mig ifred annars blir det problem.

He was called Dave, and he barely noticed his surroundings.

Han kallades Dave, och han lade knappt märke till sin omgivning.

He slept often, ate quietly, and yawned now and again.

Han sov ofta, åt tyst och gäspade då och då.

The ship hummed constantly with the beating propeller below.

Fartyget surrade konstant med den dunkande propellern nedanför.

Days passed with little change, but the weather got colder.

Dagarna gick utan några förändringar, men vädret blev kallare.

Buck could feel it in his bones, and noticed the others did too.

Buck kunde känna det i sina ben, och märkte att de andra gjorde det också.

Then one morning, the propeller stopped and all was still.

Så en morgon stannade propellern och allt var stilla.

An energy swept through the ship; something had changed.

En energi svepte genom skeppet; något hade förändrats.

François came down, clipped them on leashes, and brought them up.

François kom ner, satte fast dem i koppel och förde upp dem.

Buck stepped out and found the ground soft, white, and cold.

Buck steg ut och fann marken mjuk, vit och kall.

He jumped back in alarm and snorted in total confusion.

Han hoppade bakåt i panik och fnös i total förvirring.

Strange white stuff was falling from the gray sky.

Konstiga vita saker föll från den grå himlen.

He shook himself, but the white flakes kept landing on him.

Han skakade på sig, men de vita flingorna fortsatte att landa på honom.

He sniffed the white stuff carefully and licked at a few icy bits.

Han sniffade försiktigt på det vita och slickade på några isiga bitar.

The powder burned like fire, then vanished right off his tongue.

Pulvret brann som eld och försvann sedan rakt från hans tunga.

Buck tried again, puzzled by the odd vanishing coldness.

Buck försökte igen, förbryllad över den sällsamma, försvinnande kylan.

The men around him laughed, and Buck felt embarrassed.

Männen runt omkring honom skrattade, och Buck kände sig generad.

He didn't know why, but he was ashamed of his reaction.
Han visste inte varför, men han skämdes över sin reaktion.
It was his first experience with snow, and it confused him.
Det var hans första erfarenhet av snö, och det förvirrade
honom.

The Law of Club and Fang
Klubbens och huggtändernas lag

Buck's first day on the Dyea beach felt like a terrible nightmare.
Bucks första dag på Dyea-stranden kändes som en fruktansvärd mardröm.

Each hour brought new shocks and unexpected changes for Buck.
Varje timme förde med sig nya chocker och oväntade förändringar för Buck.

He had been pulled from civilization and thrown into wild chaos.
Han hade ryckts ut ur civilisationen och kastats in i vilt kaos.

This was no sunny, lazy life with boredom and rest.
Detta var inget soligt, latat liv med tristess och vila.

There was no peace, no rest, and no moment without danger.
Det fanns ingen fred, ingen vila och inget ögonblick utan fara.

Confusion ruled everything, and danger was always close.
Förvirring styrde allt, och faran var alltid nära.

Buck had to stay alert because these men and dogs were different.
Buck var tvungen att vara vaksam eftersom dessa män och hundar var olika.

They were not from towns; they were wild and without mercy.
De var inte från städer; de var vilda och utan barmhärtighet.

These men and dogs only knew the law of club and fang.
Dessa män och hundar kände bara till lagen om klubba och huggtänder.

Buck had never seen dogs fight like these savage huskies.
Buck hade aldrig sett hundar slåss som dessa vilda huskydjur.

His first experience taught him a lesson he would never forget.
Hans första erfarenhet lärde honom en läxa han aldrig skulle glömma.

He was lucky it was not him, or he would have died too.

Han hade tur att det inte var han, annars hade han också dött.

Curly was the one who suffered while Buck watched and learned.

Det var Lockig som led medan Buck tittade på och lärde sig.

They had made camp near a store built from logs.

De hade slagit läger nära ett lager byggt av timmer.

Curly tried to be friendly to a large, wolf-like husky.

Lockig försökte vara vänlig mot en stor, vargliknande husky.

The husky was smaller than Curly, but looked wild and mean.

Huskyn var mindre än Lockig, men såg vild och elak ut.

Without warning, he jumped and slashed her face open.

Utan förvarning hoppade han till och skar upp hennes ansikte.

His teeth cut from her eye down to her jaw in one move.

Hans tänder skar från hennes öga ner till hennes käke i ett enda drag.

This was how wolves fought—hit fast and jump away.

Så här slogs vargar – de slog snabbt och hoppade iväg.

But there was more to learn than from that one attack.

Men det fanns mer att lära sig än av den enda attacken.

Dozens of huskies rushed in and made a silent circle.

Dussintals huskyar rusade in och bildade en tyst cirkel.

They watched closely and licked their lips with hunger.

De tittade noga och slickade sig om läpparna av hunger.

Buck didn't understand their silence or their eager eyes.

Buck förstod inte deras tystnad eller deras ivriga blickar.

Curly rushed to attack the husky a second time.

Lockig rusade för att attackera huskyn en andra gång.

He used his chest to knock her over with a strong move.

Han använde bröstet för att välta henne med en kraftfull rörelse.

She fell on her side and could not get back up.

Hon föll på sidan och kunde inte resa sig upp igen.

That was what the others had been waiting for all along.

Det var det som de andra hade väntat på hela tiden.

The huskies jumped on her, yelping and snarling in a frenzy.

Huskiesna hoppade på henne, skrikande och morrande i ett vansinnigt tempo.

She screamed as they buried her under a pile of dogs.

Hon skrek när de begravde henne under en hög med hundar.

The attack was so fast that Buck froze in place with shock.

Attacken var så snabb att Buck frös till av chock.

He saw Spitz stick out his tongue in a way that looked like a laugh.

Han såg Spitz sträcka ut tungan på ett sätt som såg ut som ett skratt.

François grabbed an axe and ran straight into the group of dogs.

François grep en yxa och sprang rakt in i hundflocket.

Three other men used clubs to help beat the huskies away.

Tre andra män använde klubbor för att hjälpa till att jaga bort huskiesna.

In just two minutes, the fight was over and the dogs were gone.

På bara två minuter var slagsmålet över och hundarna var borta.

Curly lay dead in the red, trampled snow, her body torn apart.

Lockig låg död i den röda, nedtrampade snön, hennes kropp sönderriven.

A dark-skinned man stood over her, cursing the brutal scene.

En mörkhyad man stod över henne och förbannade den brutala scenen.

The memory stayed with Buck and haunted his dreams at night.

Minnet stannade kvar hos Buck och hemsökte hans drömmar om nätterna.

That was the way here; no fairness, no second chance.

Det var så här; ingen rättvisa, ingen andra chans.

Once a dog fell, the others would kill without mercy.

När en hund föll, dödade de andra utan nåd.

Buck decided then that he would never allow himself to fall.

Buck bestämde sig då för att han aldrig skulle låta sig själv falla.

Spitz stuck out his tongue again and laughed at the blood.
Spitz sträckte ut tungan igen och skrattade åt blodet.

From that moment on, Buck hated Spitz with all his heart.
Från det ögonblicket hatade Buck Spitz av hela sitt hjärta.

Before Buck could recover from Curly's death, something new happened.
Innan Buck hann återhämta sig från Lockigs död hände något nytt.

François came over and strapped something around Buck's body.
François kom fram och spände fast något runt Bucks kropp.

It was a harness like the ones used on horses at the ranch.
Det var en sele lik den som används på hästar på ranchen.

As Buck had seen horses work, now he was made to work too.
Precis som Buck hade sett hästar arbeta, var han nu tvungen att också arbeta.

He had to pull François on a sled into the forest nearby.
Han var tvungen att dra François på en släde in i skogen i närheten.

Then he had to pull back a load of heavy firewood.
Sedan var han tvungen att dra tillbaka ett lass tungt ved.

Buck was proud, so it hurt him to be treated like a work animal.
Buck var stolt, så det gjorde ont att bli behandlad som ett arbetsdjur.

But he was wise and didn't try to fight the new situation.
Men han var klok och försökte inte kämpa mot den nya situationen.

He accepted his new life and gave his best in every task.
Han accepterade sitt nya liv och gav sitt bästa i varje uppgift.

Everything about the work was strange and unfamiliar to him.
Allt med arbetet var främmande och okänt för honom.

François was strict and demanded obedience without delay.
François var sträng och krävde lydnad utan dröjsmål.
His whip made sure that every command was followed at once.
Hans piska såg till att varje kommando följdes genast.
Dave was the wheeler, the dog nearest the sled behind Buck.
Dave var rullande hund, hunden närmast släden bakom Buck.
Dave bit Buck on the back legs if he made a mistake.
Dave bet Buck i bakbenen om han gjorde ett misstag.
Spitz was the lead dog, skilled and experienced in the role.
Spitz var ledarhunden, skicklig och erfaren i rollen.
Spitz could not reach Buck easily, but still corrected him.
Spitz kunde inte lätt nå Buck, men rättade honom ändå.
He growled harshly or pulled the sled in ways that taught Buck.
Han morrade hårt eller drog släden på sätt som lärde Buck.
Under this training, Buck learned faster than any of them expected.
Under den här träningen lärde sig Buck snabbare än någon av dem förväntade sig.
He worked hard and learned from both François and the other dogs.
Han arbetade hårt och lärde sig av både François och de andra hundarna.
By the time they returned, Buck already knew the key commands.
När de återvände kunde Buck redan nyckelkommandona.
He learned to stop at the sound of "ho" from François.
Han lärde sig att stanna vid ljudet av "ho" från François.
He learned when he had to pull the sled and run.
Han lärde sig när han var tvungen att dra släden och springa.
He learned to turn wide at bends in the trail without trouble.
Han lärde sig att svänga brett i kurvor på leden utan problem.
He also learned to avoid Dave when the sled went downhill fast.
Han lärde sig också att undvika Dave när släden åkte nerför snabbt.

"They're very good dogs," François proudly told Perrault.
"De är väldigt duktiga hundar", sa François stolt till Perrault.
"That Buck pulls like hell—I teach him quick as anything."
"Den där Bucken drar som bara den – jag lär honom hur snabbt som helst."

Later that day, Perrault came back with two more husky dogs.
Senare samma dag kom Perrault tillbaka med ytterligare två huskyhundar.
Their names were Billee and Joe, and they were brothers.
De hette Billee och Joe, och de var bröder.
They came from the same mother, but were not alike at all.
De kom från samma mor, men var inte alls lika.
Billee was sweet-natured and too friendly with everyone.
Billee var godhjärtad och alltför vänlig mot alla.
Joe was the opposite—quiet, angry, and always snarling.
Joe var motsatsen – tyst, arg och alltid morrande.
Buck greeted them in a friendly way and was calm with both.
Buck hälsade dem vänligt och förhöll sig lugn mot båda.
Dave paid no attention to them and stayed silent as usual.
Dave brydde sig inte om dem och förblev tyst som vanligt.
Spitz attacked first Billee, then Joe, to show his dominance.
Spitz attackerade först Billee, sedan Joe, för att visa sin dominans.
Billee wagged his tail and tried to be friendly to Spitz.
Billee viftade på svansen och försökte vara vänlig mot Spitz.
When that didn't work, he tried to run away instead.
När det inte fungerade försökte han springa iväg istället.
He cried sadly when Spitz bit him hard on the side.
Han grät sorgset när Spitz bet honom hårt i sidan.
But Joe was very different and refused to be bullied.
Men Joe var väldigt annorlunda och vägrade att bli mobbad.
Every time Spitz came near, Joe spun to face him fast.
Varje gång Spitz kom nära, vände Joe sig snabbt om för att möta honom.

His fur bristled, his lips curled, and his teeth snapped wildly.

Hans päls borstade, hans läppar krullade sig och hans tänder knäppte vilt.

Joe's eyes gleamed with fear and rage, daring Spitz to strike.

Joes ögon glänste av rädsla och raseri och utmanade Spitz att slå till.

Spitz gave up the fight and turned away, humiliated and angry.

Spitz gav upp kampen och vände sig bort, förödmjukad och arg.

He took out his frustration on poor Billee and chased him away.

Han släppte ut sin frustration på stackars Billee och jagade bort honom.

That evening, Perrault added one more dog to the team.

Den kvällen lade Perrault till ytterligare en hund i teamet.

This dog was old, lean, and covered in battle scars.

Den här hunden var gammal, mager och täckt av stridsärr.

One of his eyes was missing, but the other flashed with power.

Ett av hans öga saknades, men det andra blixtrade av kraft.

The new dog's name was Solleks, which meant the Angry One.

Den nya hundens namn var Solleks, vilket betydde Den Arga.

Like Dave, Solleks asked nothing from others, and gave nothing back.

Liksom Dave begärde Solleks ingenting av andra och gav ingenting tillbaka.

When Solleks walked slowly into camp, even Spitz stayed away.

När Solleks långsamt gick in i lägret höll sig till och med Spitz borta.

He had a strange habit that Buck was unlucky to discover.

Han hade en konstig vana som Buck hade otur att upptäcka.

Solleks hated being approached on the side where he was blind.

Solleks hatade att bli närmad från den sida där han var blind.

Buck did not know this and made that mistake by accident.

Buck visste inte detta och gjorde det misstaget av misstag.

Solleks spun around and slashed Buck's shoulder deep and fast.

Solleks snurrade om och högg Buck djupt och snabbt i axeln.

From that moment on, Buck never came near Solleks' blind side.

Från det ögonblicket kom Buck aldrig i närheten av Solleks blinda sida.

They never had trouble again for the rest of their time together.

De hade aldrig problem igen under resten av sin tid tillsammans.

Solleks wanted only to be left alone, like quiet Dave.

Solleks ville bara bli lämnad ifred, precis som den tystlåtne Dave.

But Buck would later learn they each had another secret goal.

Men Buck skulle senare få veta att de var och en hade ett annat hemligt mål.

That night Buck faced a new and troubling challenge — how to sleep.

Den natten stod Buck inför en ny och besvärande utmaning – hur man skulle sova.

The tent glowed warmly with candlelight in the snowy field.

Tältet glödde varmt av levande ljus i det snötäckta fältet.

Buck walked inside, thinking he could rest there like before.

Buck gick in och tänkte att han kunde vila där som förut.

But Perrault and François yelled at him and threw pans.

Men Perrault och François skrek åt honom och kastade kastpannor.

Shocked and confused, Buck ran out into the freezing cold.

Chockad och förvirrad sprang Buck ut i den isande kylan.

A bitter wind stung his wounded shoulder and froze his paws.

En bitter vind sved i hans sårade axel och frös till i hans tassar.

He lay down in the snow and tried to sleep out in the open.
Han lade sig ner i snön och försökte sova ute i det fria.

But the cold soon forced him to get back up, shaking badly.
Men kylan tvingade honom snart att resa sig upp igen, darrandes rejält.

He wandered through the camp, trying to find a warmer spot.
Han vandrade genom lägret och försökte hitta en varmare plats.

But every corner was just as cold as the one before.
Men varje hörn var lika kallt som det föregående.

Sometimes savage dogs jumped at him from the darkness.
Ibland hoppade vilda hundar på honom från mörkret.

Buck bristled his fur, bared his teeth, and snarled with warning.
Buck strök med pälsen, blottade tänderna och morrade varnande.

He was learning fast, and the other dogs backed off quickly.
Han lärde sig snabbt, och de andra hundarna backade snabbt.

Still, he had no place to sleep, and no idea what to do.
Ändå hade han ingenstans att sova, och ingen aning om vad han skulle göra.

At last, a thought came to him—check on his team-mates.
Till slut slog honom en tanke – kolla läget med sina lagkamrater.

He returned to their area and was surprised to find them gone.
Han återvände till deras område och blev förvånad över att de var borta.

Again he searched the camp, but still could not find them.
Återigen sökte han igenom lägret, men kunde fortfarande inte hitta dem.

He knew they could not be in the tent, or he would be too.
Han visste att de inte fick vara i tältet, annars skulle han också vara det.

So where had all the dogs gone in this frozen camp?
Så vart hade alla hundar tagit vägen i det här frusna lägret?

Buck, cold and miserable, slowly circled around the tent.

Buck, kall och olycklig, cirkulerade långsamt runt tältet.

Suddenly, his front legs sank into soft snow and startled him.

Plötsligt sjönk hans framben ner i den mjuka snön och skrämde honom.

Something wriggled under his feet, and he jumped back in fear.

Något slingrade sig under hans fötter, och han hoppade bakåt i rädsla.

He growled and snarled, not knowing what lay beneath the snow.

Han morrade och morrade, ovetande om vad som låg under snön.

Then he heard a friendly little bark that eased his fear.

Sedan hörde han ett vänligt litet skall som lindrade hans rädsla.

He sniffed the air and came closer to see what was hidden.

Han luktade i luften och kom närmare för att se vad som gömde sig.

Under the snow, curled into a warm ball, was little Billee.

Under snön, hopkrupen till en varm boll, låg lilla Billee.

Billee wagged his tail and licked Buck's face to greet him.

Billee viftade på svansen och slickade Bucks ansikte för att hälsa honom.

Buck saw how Billee had made a sleeping place in the snow.

Buck såg hur Billee hade gjort en sovplats i snön.

He had dug down and used his own heat to stay warm.

Han hade grävt ner sig och använt sin egen värme för att hålla sig varm.

Buck had learned another lesson—this was how the dogs slept.

Buck hade lärt sig en annan läxa – det var så här hundarna sov.

He picked a spot and started digging his own hole in the snow.

Han valde en plats och började gräva sitt eget hål i snön.

At first, he moved around too much and wasted energy.
Till en början rörde han sig för mycket och slösade energi.
But soon his body warmed the space, and he felt safe.
Men snart värmde hans kropp upp utrymmet, och han kände sig trygg.
He curled up tightly, and before long he was fast asleep.
Han kröp ihop sig hårt, och det dröjde inte länge förrän han sov djupt.
The day had been long and hard, and Buck was exhausted.
Dagen hade varit lång och svår, och Buck var utmattad.
He slept deeply and comfortably, though his dreams were wild.
Han sov djupt och bekvämt, fastän hans drömmar var vilda.
He growled and barked in his sleep, twisting as he dreamed.
Han morrade och skällde i sömnen och vred sig medan han drömde.

Buck didn't wake up until the camp was already coming to life.
Buck vaknade inte förrän lägret redan vaknade till liv.
At first, he didn't know where he was or what had happened.
Till en början visste han inte var han var eller vad som hade hänt.
Snow had fallen overnight and completely buried his body.
Snö hade fallit över natten och begravt hans kropp helt.
The snow pressed in around him, tight on all sides.
Snön tryckte sig tätt runt honom från alla sidor.
Suddenly a wave of fear rushed through Buck's entire body.
Plötsligt rusade en våg av rädsla genom hela Bucks kropp.
It was the fear of being trapped, a fear from deep instincts.
Det var rädslan för att bli fångad, en rädsla från djupa instinkter.
Though he had never seen a trap, the fear lived inside him.
Även om han aldrig hade sett en fälla, levde rädslan inom honom.

He was a tame dog, but now his old wild instincts were waking.

Han var en tam hund, men nu vaknade hans gamla vilda instinkter.

Buck's muscles tensed, and his fur stood up all over his back.

Bucks muskler spändes, och hans päls reste sig över hela ryggen.

He snarled fiercely and sprang straight up through the snow.

Han morrade ilsket och hoppade rakt upp genom snön.

Snow flew in every direction as he burst into the daylight.

Snön flög åt alla håll när han bröt ut i dagsljuset.

Even before landing, Buck saw the camp spread out before him.

Redan innan landstigningen såg Buck lägret utbrett framför sig.

He remembered everything from the day before, all at once.

Han kom ihåg allt från dagen innan, på en gång.

He remembered strolling with Manuel and ending up in this place.

Han mindes att han promenerade med Manuel och hamnade på den här platsen.

He remembered digging the hole and falling asleep in the cold.

Han mindes att han grävde hålet och somnade i kylan.

Now he was awake, and the wild world around him was clear.

Nu var han vaken, och den vilda världen omkring honom var klar.

A shout from François hailed Buck's sudden appearance.

Ett rop från François hyllade Bucks plötsliga ankomst.

"What did I say?" the dog-driver cried loudly to Perrault.

"Vad sa jag?" ropade hundföraren högt till Perrault.

"That Buck for sure learns quick as anything," François added.

"Den där Buck lär sig verkligen hur snabbt som helst", tillade François.

Perrault nodded gravely, clearly pleased with the result.
Perrault nickade allvarligt, tydligt nöjd med resultatet.
As a courier for the Canadian Government, he carried dispatches.
Som kurir för den kanadensiska regeringen bar han depescher.
He was eager to find the best dogs for his important mission.
Han var ivrig att hitta de bästa hundarna för sitt viktiga uppdrag.
He felt especially pleased now that Buck was part of the team.
Han kände sig särskilt glad nu när Buck var en del av laget.
Three more huskies were added to the team within an hour.
Tre ytterligare huskies lades till i laget inom en timme.
That brought the total number of dogs on the team to nine.
Det innebar att det totala antalet hundar i laget uppgick till nio.
Within fifteen minutes all the dogs were in their harnesses.
Inom femton minuter var alla hundar i sina selar.
The sled team was swinging up the trail toward Dyea Cañon.
Kälkspannet svängde uppför stigen mot Dyea Cañon.
Buck felt glad to be leaving, even if the work ahead was hard.
Buck kände sig glad över att få åka, även om arbetet framför honom var hårt.
He found he did not particularly despise the labor or the cold.
Han fann att han inte särskilt föraktade arbetet eller kylan.
He was surprised by the eagerness that filled the whole team.
Han blev förvånad över den iver som fyllde hela laget.
Even more surprising was the change that had come over Dave and Solleks.
Ännu mer förvånande var den förändring som hade skett över Dave och Solleks.

These two dogs were entirely different when they were harnessed.
Dessa två hundar var helt olika när de var selade.
Their passiveness and lack of concern had completely disappeared.
Deras passivitet och brist på omsorg hade helt försvunnit.
They were alert and active, and eager to do their work well.
De var alerta och aktiva, och ivriga att göra sitt arbete väl.
They grew fiercely irritated at anything that caused delay or confusion.
De blev våldsamt irriterade över allt som orsakade förseningar eller förvirring.
The hard work on the reins was the center of their entire being.
Det hårda arbetet med tyglarna var centrum för hela deras väsen.
Sled pulling seemed to be the only thing they truly enjoyed.
Att dra släde verkade vara det enda de verkligen tyckte om.
Dave was at the back of the group, closest to the sled itself.
Dave var längst bak i gruppen, närmast själva släden.
Buck was placed in front of Dave, and Solleks pulled ahead of Buck.
Buck placerades framför Dave, och Solleks drog före Buck.
The rest of the dogs were strung out ahead in a single file.
Resten av hundarna låg utsträckta framför dem i en enda rad.
The lead position at the front was filled by Spitz.
Ledarpositionen längst fram fylldes av Spitz.
Buck had been placed between Dave and Solleks for instruction.
Buck hade placerats mellan Dave och Solleks för instruktion.
He was a quick learner, and they were firm and capable teachers.
Han var en snabb lärare, och de var bestämda och skickliga lärare.
They never allowed Buck to remain in error for long.
De lät aldrig Buck förbli i fel ställning länge.
They taught their lessons with sharp teeth when needed.

De undervisade sina lektioner med vassa tänder när det behövdes.

Dave was fair and showed a quiet, serious kind of wisdom.
Dave var rättvis och visade en stillsam, allvarlig sorts visdom.

He never bit Buck without a good reason to do so.
Han bet aldrig Buck utan en god anledning.

But he never failed to bite when Buck needed correction.
Men han underlät aldrig att bita när Buck behövde korrigeras.

François's whip was always ready and backed up their authority.
François piska var alltid redo och backade upp deras auktoritet.

Buck soon found it was better to obey than to fight back.
Buck insåg snart att det var bättre att lyda än att slå tillbaka.

Once, during a short rest, Buck got tangled in the reins.
En gång, under en kort vila, trasslade sig Buck in i tyglarna.

He delayed the start and confused the team's movement.
Han försenade starten och störde lagets rörelser.

Dave and Solleks flew at him and gave him a rough beating.
Dave och Solleks flög mot honom och gav honom en hård smäll.

The tangle only got worse, but Buck learned his lesson well.
Trassel blev bara värre, men Buck lärde sig sin läxa väl.

From then on, he kept the reins taut, and worked carefully.
Från och med då höll han tyglarna spända och arbetade noggrant.

Before the day ended, Buck had mastered much of his task.
Innan dagen var slut hade Buck bemästrat mycket av sin uppgift.

His teammates almost stopped correcting or biting him.
Hans lagkamrater slutade nästan att korrigera eller bita honom.

François's whip cracked through the air less and less often.
François piska smällde allt mer sällan genom luften.

Perrault even lifted Buck's feet and carefully examined each paw.

Perrault lyfte till och med Bucks fötter och undersökte noggrant varje tass.

It had been a hard day's run, long and exhausting for them all.

Det hade varit en hård dags löpning, lång och utmattande för dem alla.

They travelled up the Cañon, through Sheep Camp, and past the Scales.

De reste uppför Cañon, genom Sheep Camp och förbi Scales.

They crossed the timber line, then glaciers and snowdrifts many feet deep.

De korsade skogsgränsen, sedan glaciärer och snödrivor som var många meter djupa.

They climbed the great cold and forbidding Chilkoot Divide.

De klättrade uppför den stora kalla och avskräckande Chilkoot-klyftan.

That high ridge stood between salt water and the frozen interior.

Den höga åsen stod mellan saltvatten och det frusna inlandet.

The mountains guarded the sad and lonely North with ice and steep climbs.

Bergen vaktade det sorgsna och ensamma Norden med is och branta klättringar.

They made good time down a long chain of lakes below the divide.

De tog sig god tid nerför en lång kedja av sjöar nedanför gränsklyftan.

Those lakes filled the ancient craters of extinct volcanoes.

Dessa sjöar fyllde de forntida kratrarna av slocknade vulkaner.

Late that night, they reached a large camp at Lake Bennett.

Sent på natten nådde de ett stort läger vid Lake Bennett.

Thousands of gold seekers were there, building boats for spring.

Tusentals guldsökare var där och byggde båtar inför våren.

The ice was going break up soon, and they had to be ready.

Isen skulle snart brytas upp, och de var tvungna att vara redo.

Buck dug his hole in the snow and fell into a deep sleep.

Buck grävde sitt hål i snön och föll i en djup sömn.

He slept like a working man, exhausted from the harsh day of toil.

Han sov som en arbetare, utmattad efter den hårda dagens slit.

But too early in the darkness, he was dragged from sleep.

Men för tidigt i mörkret drogs han ur sömnen.

He was harnessed with his mates again and attached to the sled.

Han selades fast med sina kompisar igen och fästes vid släden.

That day they made forty miles, because the snow was well trodden.

Den dagen tillryggalade de fyrtio mil, eftersom snön var väl upptrampad.

The next day, and for many days after, the snow was soft.

Nästa dag, och i många dagar efteråt, var snön mjuk.

They had to make the path themselves, working harder and moving slower.

De var tvungna att göra vägen själva, arbeta hårdare och röra sig långsammare.

Usually, Perrault walked ahead of the team with webbed snowshoes.

Vanligtvis gick Perrault före laget med snöskor med simhud.

His steps packed the snow, making it easier for the sled to move.

Hans steg packade snön, vilket gjorde det lättare för släden att röra sig.

François, who steered from the gee-pole, sometimes took over.

François, som styrde från gee-pole, tog ibland över.

But it was rare that François took the lead

Men det var sällsynt att François tog ledningen

because Perrault was in a rush to deliver the letters and parcels.

eftersom Perrault hade bråttom att leverera breven och paketen.

Perrault was proud of his knowledge of snow, and especially ice.

Perrault var stolt över sin kunskap om snö, och särskilt is.

That knowledge was essential, because fall ice was dangerously thin.

Den kunskapen var avgörande, eftersom höstisen var farligt tunn.

Where water flowed fast beneath the surface, there was no ice at all.

Där vattnet flödade snabbt under ytan fanns det ingen is alls.

Day after day, the same routine repeated without end.

Dag efter dag upprepades samma rutin utan slut.

Buck toiled endlessly in the reins from dawn until night.

Buck slet oavbrutet i tyglarna från gryning till natt.

They left camp in the dark, long before the sun had risen.

De lämnade lägret i mörkret, långt innan solen hade gått upp.

By the time daylight came, many miles were already behind them.

När det blev dagsljus hade de redan lagt många mil bakom sig.

They pitched camp after dark, eating fish and burrowing into snow.

De slog läger efter mörkrets inbrott, åt fisk och grävde sig ner i snön.

Buck was always hungry and never truly satisfied with his ration.

Buck var alltid hungrig och aldrig riktigt nöjd med sin ranson.

He received a pound and a half of dried salmon each day.

Han fick ett och ett halvt pund torkad lax varje dag.

But the food seemed to vanish inside him, leaving hunger behind.

Men maten tycktes försvinna inuti honom och lämna hungern bakom sig.

He suffered from constant pangs of hunger, and dreamed of more food.

Han led av ständig hunger och drömde om mer mat.

The other dogs got only one pound of food, but they stayed strong.

De andra hundarna fick bara ett halvt kilo mat, men de förblev starka.

They were smaller, and had been born into the northern life.

De var mindre och hade fötts in i det nordliga livet.

He swiftly lost the fastidiousness which had marked his old life.

Han förlorade snabbt den noggrannhet som hade präglat hans gamla liv.

He had been a dainty eater, but now that was no longer possible.

Han hade varit en nättätare, men nu var det inte längre möjligt.

His mates finished first and robbed him of his unfinished ration.

Hans kompisar blev klara först och stjälde hans oavslutade ranson.

Once they began there was no way to defend his food from them.

När de väl hade börjat fanns det inget sätt att försvara hans mat från dem.

While he fought off two or three dogs, the others stole the rest.

Medan han kämpade mot två eller tre hundar, stal de andra resten.

To fix this, he began eating as fast as the others ate.

För att åtgärda detta började han äta lika fort som de andra åt.

Hunger pushed him so hard that he even took food not his own.

Hungern pressade honom så hårt att han till och med åt mat som inte var hans egen.

He watched the others and learned quickly from their actions.

Han iakttog de andra och lärde sig snabbt av deras
handlingar.
He saw Pike, a new dog, steal a slice of bacon from Perrault.
Han såg Pike, en ny hund, stjäla en skiva bacon från Perrault.
**Pike had waited until Perrault's back was turned to steal the
bacon.**
Pike hade väntat tills Perrault hade vänt ryggen till för att
stjäla baconet.
The next day, Buck copied Pike and stole the whole chunk.
Nästa dag kopierade Buck Pike och stal hela biten.
A great uproar followed, but Buck was not suspected.
Ett stort uppståndelse följde, men Buck misstänktes inte.
**Dub, a clumsy dog who always got caught, was punished
instead.**
Dub, en klumpig hund som alltid blev tagen, straffades
istället.
**That first theft marked Buck as a dog fit to survive the
North.**
Den första stölden markerade Buck som en hund lämpad att
överleva i norr.
**He showed he could adapt to new conditions and learn
quickly.**
Han visade att han kunde anpassa sig till nya förhållanden
och lära sig snabbt.
**Without such adaptability, he would have died swiftly and
badly.**
Utan sådan anpassningsförmåga skulle han ha dött snabbt och
illa.
**It also marked the breakdown of his moral nature and past
values.**
Det markerade också ett sammanbrott av hans moraliska
natur och tidigare värderingar.
**In the Southland, he had lived under the law of love and
kindness.**
I Sydlandet hade han levt under kärlekens och vänlighetens
lag.

There it made sense to respect property and other dogs' feelings.

Där var det vettigt att respektera egendom och andra hundars känslor.

But the Northland followed the law of club and the law of fang.

Men Northland följde klubblagen och huggtandslagarna.

Whoever respected old values here was foolish and would fail.

Den som respekterade gamla värderingar här var dåraktig och skulle misslyckas.

Buck did not reason all this out in his mind.

Buck resonerade inte ut allt detta i sitt huvud.

He was fit, and so he adjusted without needing to think.

Han var i form, så han anpassade sig utan att behöva tänka.

All his life, he had never run away from a fight.

Hela sitt liv hade han aldrig rymt från ett bråk.

But the wooden club of the man in the red sweater changed that rule.

Men mannen i den röda tröjans träklubba ändrade den regeln.

Now he followed a deeper, older code written into his being.

Nu följde han en djupare, äldre kod inskriven i hans varelse.

He did not steal out of pleasure, but from the pain of hunger.

Han stal inte av njutning, utan av hungerns smärta.

He never robbed openly, but stole with cunning and care.

Han rånade aldrig öppet, utan stal med slughet och omsorg.

He acted out of respect for the wooden club and fear of the fang.

Han agerade av respekt för träklubban och rädsla för huggtanden.

In short, he did what was easier and safer than not doing it.

Kort sagt, han gjorde det som var enklare och säkrare än att inte göra det.

His development—or perhaps his return to old instincts—was fast.

Hans utveckling – eller kanske hans återgång till gamla
instinkter – gick snabbt.

His muscles hardened until they felt as strong as iron.

Hans muskler hårdnade tills de kändes starka som järn.

He no longer cared about pain, unless it was serious.

Han brydde sig inte längre om smärta, såvida den inte var
allvarlig.

He became efficient inside and out, wasting nothing at all.

Han blev effektiv både inifrån och ut, utan att slösa någonting
alls.

He could eat things that were vile, rotten, or hard to digest.

Han kunde äta saker som var vidriga, ruttna eller svårsmälta.

Whatever he ate, his stomach used every last bit of value.

Vad han än åt, förbrukade hans mage varenda gnutta av
värde.

**His blood carried the nutrients far through his powerful
body.**

Hans blod bar näringsämnena långt genom hans kraftfulla
kropp.

This built strong tissues that gave him incredible endurance.

Detta byggde upp starka vävnader som gav honom otrolig
uthållighet.

**His sight and smell became much more sensitive than
before.**

Hans syn och lukt blev mycket känsligare än tidigare.

**His hearing grew so sharp he could detect faint sounds in
sleep.**

Hans hörsel blev så skarp att han kunde uppfatta svaga ljud i
sömnen.

**He knew in his dreams whether the sounds meant safety or
danger.**

Han visste i sina drömmar om ljuden betydde säkerhet eller
fara.

He learned to bite the ice between his toes with his teeth.

Han lärde sig att bita i isen mellan tårna med tänderna.

**If a water hole froze over, he would break the ice with his
legs.**

Om ett vattenhål frös till, brukade han bryta isen med benen.

He reared up and struck the ice hard with stiff front limbs.

Han reste sig upp och slog hårt i isen med stela framben.

His most striking ability was predicting wind changes overnight.

Hans mest slående förmåga var att förutsäga vindförändringar över natten.

Even when the air was still, he chose spots sheltered from wind.

Även när luften var stilla valde han platser skyddade från vinden.

Wherever he dug his nest, the next day's wind passed him by.

Var han än grävde sitt bo, blåste nästa dags vind förbi honom.

He always ended up snug and protected, to leeward of the breeze.

Han låg alltid bekvämt och skyddad, i lä från vinden.

Buck not only learned by experience — his instincts returned too.

Buck lärde sig inte bara av erfarenhet – hans instinkter återvände också.

The habits of domesticated generations began to fall away.

Vanorna från domesticerade generationer började falla bort.

In vague ways, he remembered the ancient times of his breed.

På vaga sätt mindes han sin släkts forntida tider.

He thought back to when wild dogs ran in packs through forests.

Han tänkte tillbaka på när vilda hundar sprang i flock genom skogar.

They had chased and killed their prey while running it down.

De hade jagat och dödat sitt byte medan de sprang ner det.

It was easy for Buck to learn how to fight with tooth and speed.

Det var lätt för Buck att lära sig att slåss med tand och fart.

He used cuts, slashes, and quick snaps just like his ancestors.

Han använde snitt, snedstreck och snabba snäpp precis som sina förfäder.

Those ancestors stirred within him and awoke his wild nature.

Dessa förfäder rörde sig inom honom och väckte hans vilda natur.

Their old skills had passed into him through the bloodline.

Deras gamla färdigheter hade ärvts till honom genom blodslinjen.

Their tricks were his now, with no need for practice or effort.

Deras trick var nu hans, utan behov av övning eller ansträngning.

On still, cold nights, Buck lifted his nose and howled.

På stilla, kalla nätter lyfte Buck på nosen och ylade.

He howled long and deep, the way wolves had done long ago.

Han ylade länge och djupt, som vargar hade gjort för länge sedan.

Through him, his dead ancestors pointed their noses and howled.

Genom honom pekade hans döda förfäder på näsan och ylade.

They howled down through the centuries in his voice and shape.

De ylade ner genom århundradena i hans röst och skepnad.

His cadences were theirs, old cries that told of grief and cold.

Hans kadenser var deras, gamla rop som berättade om sorg och kyla.

They sang of darkness, of hunger, and the meaning of winter.

De sjöng om mörker, om hunger och vinterns innebörd.

Buck proved of how life is shaped by forces beyond oneself,

Buck bevisade hur livet formas av krafter bortom en själv,

the ancient song rose through Buck and took hold of his
soul.

den uråldriga sången steg genom Buck och grep tag i hans
själ.

He found himself because men had found gold in the North.

Han fann sig själv eftersom män hade hittat guld i norr.

And he found himself because Manuel, the gardener's
helper, needed money.

Och han fann sig själv eftersom Manuel, trädgårdsmästarens
medhjälpare, behövde pengar.

The Dominant Primordial Beast
Det dominerande urdjuret

The dominant primordial beast was as strong as ever in Buck.
Det dominerande urdjuret var lika starkt som alltid i Buck.

But the dominant primordial beast had lain dormant in him.
Men det dominerande urdjuret hade legat vilande inom honom.

Trail life was harsh, but it strengthened beast inside Buck.
Livet på stigen var hårt, men det stärkte odjuret inom Buck.

Secretly the beast grew stronger and stronger every day.
I hemlighet blev odjuret starkare och starkare för varje dag.

But that inner growth stayed hidden to the outside world.
Men den inre tillväxten förblev dold för omvärlden.

A quiet and calm primordial force was building inside Buck.
En tyst och lugn urkraft byggdes upp inom Buck.

New cunning gave Buck balance, calm control, and poise.
Ny slughet gav Buck balans, lugn och kontroll och fattning.

Buck focused hard on adapting, never feeling fully relaxed.
Buck fokuserade hårt på att anpassa sig och kände sig aldrig helt avslappnad.

He avoided conflict, never starting fights, nor seeking trouble.
Han undvek konflikter, startade aldrig bråk eller sökte bråk.

A slow, steady thoughtfulness shaped Buck's every move.
En långsam, stadig eftertänksamhet formade Bucks varje rörelse.

He avoided rash choices and sudden, reckless decisions.
Han undvek förhastade val och plötsliga, vårdslösa beslut.

Though Buck hated Spitz deeply, he showed him no aggression.
Även om Buck hatade Spitz djupt, visade han honom ingen aggression.

Buck never provoked Spitz, and kept his actions restrained.
Buck provocerade aldrig Spitz och höll sina handlingar återhållsamma.

Spitz, on the other hand, sensed the growing danger in Buck.

Spitz, å andra sidan, anade den växande faran hos Buck.

He saw Buck as a threat and a serious challenge to his power.

Han såg Buck som ett hot och en allvarlig utmaning mot sin makt.

He used every chance to snarl and show his sharp teeth.

Han använde varje tillfälle att morra och visa sina vassa tänder.

He was trying to start the deadly fight that had to come.

Han försökte starta den dödliga strid som måste komma.

Early in the trip, a fight nearly broke out between them.

Tidigt under resan höll det på att utbryta ett bråk mellan dem.

But an unexpected accident stopped the fight from happening.

Men en oväntad olycka stoppade bråket.

That evening they set up camp on the bitterly cold Lake Le Barge.

Den kvällen slog de läger vid den bitande kalla sjön Le Barge.

The snow was falling hard, and the wind cut like a knife.

Snön föll hårt och vinden skar som en kniv.

The night had come too fast, and darkness surrounded them.

Natten kom alltför fort, och mörkret omgav dem.

They could hardly have chosen a worse place for rest.

De kunde knappast ha valt en sämre plats för vila.

The dogs searched desperately for a place to lie down.

Hundarna letade desperat efter en plats att ligga ner på.

A tall rock wall rose steeply behind the small group.

En hög klippvägg reste sig brant bakom den lilla gruppen.

The tent had been left behind in Dyea to lighten the load.

Tältet hade lämnats kvar i Dyea för att lätta bördan.

They had no choice but to make the fire on the ice itself.

De hade inget annat val än att göra upp elden på själva isen.

They spread their sleeping robes directly on the frozen lake.

De bredde ut sina sovkläder direkt på den frusna sjön.

A few sticks of driftwood gave them a little bit of fire.

Några drivvedskivlingar gav dem lite eld.

But the fire was built on the ice, and thawed through it.

Men elden byggdes upp på isen och tinade upp genom den.

Eventually they were eating their supper in darkness.

Till slut åt de sin kvällsmat i mörkret.

Buck curled up beside the rock, sheltered from the cold wind.

Buck kröp ihop sig bredvid stenen, skyddad från den kalla vinden.

The spot was so warm and safe that Buck hated to move away.

Platsen var så varm och trygg att Buck hatade att flytta därifrån.

But François had warmed the fish and was handing out rations.

Men François hade värmt fisken och delade ut ransoner.

Buck finished eating quickly, and returned to his bed.

Buck åt snabbt färdigt och återvände till sin säng.

But Spitz was now laying where Buck had made his bed.

Men Spitz låg nu där Buck hade bäddat sin säng.

A low snarl warned Buck that Spitz refused to move.

Ett lågt morrande varnade Buck för att Spitz vägrade röra sig.

Until now, Buck had avoided this fight with Spitz.

Fram till nu hade Buck undvikit denna strid med Spitz.

But deep inside Buck the beast finally broke loose.

Men djupt inne i Buck bröt odjuret slutligen lös.

The theft of his sleeping place was too much to tolerate.

Stölden av hans sovplats var för mycket att tolerera.

Buck launched himself at Spitz, full of anger and rage.

Buck kastade sig mot Spitz, full av ilska och raseri.

Up until not Spitz had thought Buck was just a big dog.

Fram tills nu hade Spitz trott att Buck bara var en stor hund.

He didn't think Buck had survived through his spirit.

Han trodde inte att Buck hade överlevt genom sin ande.

He was expecting fear and cowardice, not fury and revenge.

Han förväntade sig rädsla och feghet, inte raseri och hämnd.

François stared as both dogs burst from the ruined nest.

François stirrade medan båda hundarna bröt ut ur det förstörda boet.

He understood at once what had started the wild struggle.

Han förstod genast vad som hade startat den vilda kampen.

"A-a-ah!" François cried out in support of the brown dog.

"Aa-ah!" ropade François till stöd för den bruna hunden.

"Give him a beating! By God, punish that sneaky thief!"

"Ge honom stryk! Vid Gud, straffa den där lömska tjuven!"

Spitz showed equal readiness and wild eagerness to fight.

Spitz visade lika stor beredskap som vild iver att slåss.

He cried out in rage while circling fast, seeking an opening.

Han skrek ut i raseri medan han cirklade snabbt och sökte en öppning.

Buck showed the same hunger to fight, and the same caution.

Buck visade samma kampvilja och samma försiktighet.

He circled his opponent as well, trying to gain the upper hand in battle.

Han cirkulerade också runt sin motståndare och försökte få övertaget i striden.

Then something unexpected happened and changed everything.

Sedan hände något oväntat och förändrade allt.

That moment delayed the eventual fight for the leadership.

Det ögonblicket försenade den slutliga kampen om ledarskapet.

Many miles of trail and struggle still waited before the end.

Många mil av vandring och kamp väntade fortfarande innan slutet.

Perrault shouted an oath as a club smacked against bone.

Perrault ropade en ed medan en klubba slog mot ett ben.

A sharp yelp of pain followed, then chaos exploded all around.

Ett skarpt smärtskrik följde, sedan exploderade kaos runt omkring.

Dark shapes moved in camp; wild huskies, starved and fierce.

Mörka skepnader rörde sig i lägret; vilda huskyr, utsvultna och vildsinta.

Four or five dozen huskies had sniffed the camp from far away.

Fyra eller fem dussin huskyhundar hade nosat på lägret på avstånd.

They had crept in quietly while the two dogs fought nearby.

De hade smugit sig in tyst medan de två hundarna slogs i närheten.

François and Perrault charged, swinging clubs at the invaders.

François och Perrault anföll och svingade klubbor mot inkräktarna.

The starving huskies showed teeth and fought back in frenzy.

De svältande huskydjuren visade tänder och kämpade tillbaka i frenesi.

The smell of meat and bread had driven them past all fear.

Lukten av kött och bröd hade drivit dem över all rädsla.

Perrault beat a dog that had buried its head in the grub-box.

Perrault slog en hund som hade begravt sitt huvud i matlådan.

The blow hit hard, and the box flipped, food spilling out.

Slaget träffade hårt, lådan välte och mat rann ut.

In seconds, a score of wild beasts tore into the bread and meat.

På några sekunder slet ett tjugotal vilda djur sig in i brödet och köttet.

The men's clubs landed blow after blow, but no dog turned away.

Herrklubbarna landade slag efter slag, men ingen hund vände sig bort.

They howled in pain, but fought until no food remained.

De ylade av smärta, men kämpade tills ingen mat fanns kvar.

Meanwhile, the sled-dogs had jumped from their snowy beds.

Under tiden hade slädhundarna hoppat ur sina snötäckta sängar.

They were instantly attacked by the vicious hungry huskies.
De blev omedelbart attackerade av de grymma hungriga huskiesna.

Buck had never seen such wild and starved creatures before.
Buck hade aldrig sett så vilda och svältande varelser förut.

Their skin hung loose, barely hiding their skeletons.
Deras hud hängde löst och dolde knappt deras skelett.

There was a fire in their eyes, from hunger and madness
Det brann en eld i deras ögon, av hunger och galenskap

There was no stopping them; no resisting their savage rush.
Det fanns inget att stoppa dem; inget kunde göra motstånd mot deras vilda anstormning.

The sled-dogs were shoved back, pressed against the cliff wall.
Slädhundarna knuffades tillbaka, pressade mot klippväggen.

Three huskies attacked Buck at once, tearing into his flesh.
Tre huskyr attackerade Buck samtidigt och slet sönder hans kött.

Blood poured from his head and shoulders, where he'd been cut.
Blod strömmade från hans huvud och axlar, där han hade blivit skärrad.

The noise filled the camp; growling, yelps, and cries of pain.
Oljudet fyllde lägret; morrande, skrik och smärtskrik.

Billee cried loudly, as usual, caught in the fray and panic.
Billee grät högt, som vanligt, fångad i striden och paniken.

Dave and Solleks stood side by side, bleeding but defiant.
Dave och Solleks stod sida vid sida, blödande men trotsiga.

Joe fought like a demon, biting anything that came close.
Joe kämpade som en demon och bet allt som kom i närheten.

He crushed a husky's leg with one brutal snap of his jaws.
Han krossade en huskys ben med ett brutalt knäpp med käftarna.

Pike jumped on the wounded husky and broke its neck instantly.

Gäddan hoppade upp på den sårade huskyn och bröt nacken direkt.

Buck caught a husky by the throat and ripped through the vein.

Buck tog tag i halsen på en husky och slet igenom venen.

Blood sprayed, and the warm taste drove Buck into a frenzy.

Blod sprutade, och den varma smaken gjorde Buck rasande.

He hurled himself at another attacker without hesitation.

Han kastade sig utan att tveka över en annan angripare.

At the same moment, sharp teeth dug into Buck's own throat.

I samma ögonblick borrade sig vassa tänder in i Bucks egen hals.

Spitz had struck from the side, attacking without warning.

Spitz hade slagit till från sidan och attackerat utan förvarning.

Perrault and François had defeated the dogs stealing the food.

Perrault och François hade besegrat hundarna som stal maten.

Now they rushed to help their dogs fight back the attackers.

Nu skyndade de sig för att hjälpa sina hundar att slå tillbaka angriparna.

The starving dogs retreated as the men swung their clubs.

De svältande hundarna drog sig tillbaka medan männen svingade sina klubbor.

Buck broke free from the attack, but the escape was brief.

Buck slet sig loss från attacken, men flykten blev kort.

The men ran to save their dogs, and the huskies swarmed again.

Männen sprang för att rädda sina hundar, och huskyhundarna svärmade igen.

Billee, frightened into bravery, leapt into the pack of dogs.

Billee, skrämd till mod, hoppade in i hundflocken.

But then he fled across the ice, in raw terror and panic.

Men sedan flydde han över isen, i rå skräck och panik.

Pike and Dub followed close behind, running for their lives.

Pike och Dub följde tätt efter och flydde för sina liv.

The rest of the team broke and scattered, following after them.
Resten av laget splittrades och följde efter dem.
Buck gathered his strength to run, but then saw a flash.
Buck samlade krafter för att springa, men såg sedan en blixt.
Spitz lunged at Buck's side, trying to knock him to the ground.
Spitz kastade sig mot Bucks sida och försökte slå ner honom på marken.
Under that mob of huskies, Buck would have had no escape.
Under den där mobben av huskydjur skulle Buck inte ha haft någon flyktväg.
But Buck stood firm and braced for the blow from Spitz.
Men Buck stod fast och förberedde sig på slaget från Spitz.
Then he turned and ran out onto the ice with the fleeing team.
Sedan vände han sig om och sprang ut på isen med det flyende teamet.

Later, the nine sled-dogs gathered in the shelter of the woods.
Senare samlades de nio slädhundarna i lä av skogen.
No one chased them anymore, but they were battered and wounded.
Ingen jagade dem längre, men de blev misshandlade och sårade.
Each dog had wounds; four or five deep cuts on every body.
Varje hund hade sår; fyra eller fem djupa skärsår på varje kropp.
Dub had an injured hind leg and struggled to walk now.
Dub hade ett skadat bakben och hade svårt att gå nu.
Dolly, the newest dog from Dyea, had a slashed throat.
Dolly, den nyaste hunden från Dyea, hade en avskuren hals.
Joe had lost an eye, and Billee's ear was cut to pieces
Joe hade förlorat ett öga, och Billees öra var skuret i bitar.
All the dogs cried in pain and defeat through the night.
Alla hundarna grät av smärta och nederlag genom natten.

At dawn they crept back to camp, sore and broken.
I gryningen smög de tillbaka till lägret, ömma och trasiga.
The huskies had vanished, but the damage had been done.
Huskiesna hade försvunnit, men skadan var skedd.
Perrault and François stood in foul moods over the ruin.
Perrault och François stodo på dåligt humör över ruinen.
Half of the food was gone, snatched by the hungry thieves.
Hälften av maten var borta, ryckt av de hungriga tjuvarna.
The huskies had torn through sled bindings and canvas.
Huskiesna hade slitit sig igenom pulkabindningar och
presenningsduk.
Anything with a smell of food had been devoured completely.
Allt som luktade mat hade slukats fullständigt.
They ate a pair of Perrault's moose-hide traveling boots.
De åt ett par av Perraults resstövlar av älgskinn.
They chewed leather reis and ruined straps beyond use.
De tuggade på läderreiar och förstörde remmar som inte
kunde användas.
François stopped staring at the torn lash to check the dogs.
François slutade stirra på den avslitna piskfransen för att
kontrollera hundarna.
"Ah, my friends," he said, his voice low and filled with worry.
"Åh, mina vänner", sa han med låg röst och fylld av oro.
"Maybe all these bites will turn you into mad beasts."
"Kanske alla dessa bett förvandlar er till galna bestar."
"Maybe all mad dogs, sacredam! What do you think, Perrault?"
"Kanske alla galna hundar, min helige! Vad tycker du,
Perrault?"
Perrault shook his head, eyes dark with concern and fear.
Perrault skakade på huvudet, ögonen mörka av oro och
rädsla.
Four hundred miles still lay between them and Dawson.
Fyra hundra mil låg fortfarande mellan dem och Dawson.
Dog madness now could destroy any chance of survival.

Hundgalenskap kan nu förstöra alla chanser till överlevnad.

They spent two hours swearing and trying to fix the gear.

De tillbringade två timmar med att svora och försöka laga utrustningen.

The wounded team finally left the camp, broken and defeated.

Det sårade laget lämnade slutligen lägret, brutet och besegrat.

This was the hardest trail yet, and each step was painful.

Detta var den svåraste leden hittills, och varje steg var smärtsamt.

The Thirty Mile River had not frozen, and was rushing wildly.

Thirty Mile-floden hade inte frusit och forsade vilt.

Only in calm spots and swirling eddies did ice manage to hold.

Endast på lugna platser och virvlande virvlar lyckades isen hålla sig fast.

Six days of hard labor passed until the thirty miles were done.

Sex dagar av hårt arbete förflöt innan de trettio milen var avklarade.

Each mile of the trail brought danger and the threat of death.

Varje kilometer av leden medförde fara och hot om död.

The men and dogs risked their lives with every painful step.

Männen och hundarna riskerade sina liv med varje smärtsamt steg.

Perrault broke through thin ice bridges a dozen different times.

Perrault bröt igenom tunna isbroar ett dussin olika gånger.

He carried a pole and let it fall across the hole his body made.

Han bar en stång och lät den falla tvärs över hålet hans kropp gjorde.

More than once did that pole save Perrault from drowning.

Mer än en gång räddade den där stången Perrault från att drunkna.

The cold snap held firm, the air was fifty degrees below zero.

Köldknäppen höll i sig, luften var femtio minusgrader.

Every time he fell in, Perrault had to light a fire to survive.

Varje gång han ramlade i var Perrault tvungen att tända en eld för att överleva.

Wet clothing froze fast, so he dried them near blazing heat.

Våta kläder frös snabbt, så han torkade dem nära brännande hetta.

No fear ever touched Perrault, and that made him a courier.

Perrault kände aldrig någon fruktan, och det gjorde honom till kurir.

He was chosen for danger, and he met it with quiet resolve.

Han valdes för faran, och han mötte den med stillsam beslutsamhet.

He pressed forward into wind, his shriveled face frostbitten.

Han pressade sig fram mot vinden, hans skrumpna ansikte frostbitet.

From faint dawn to nightfall, Perrault led them onward.

Från svag gryning till skymning ledde Perrault dem framåt.

He walked on narrow rim ice that cracked with every step.

Han gick på smal iskant som sprack för varje steg.

They dared not stop—each pause risked a deadly collapse.

De vågade inte stanna – varje paus riskerade en dödlig kollaps.

One time the sled broke through, pulling Dave and Buck in.

En gång bröt släden igenom och drog in Dave och Buck.

By the time they were dragged free, both were near frozen.

När de släpades fria var båda nästan frusna.

The men built a fire quickly to keep Buck and Dave alive.

Männen gjorde snabbt upp en eld för att hålla Buck och Dave vid liv.

The dogs were coated in ice from nose to tail, stiff as carved wood.

Hundarna var täckta av is från nos till svans, styva som snidat trä.

The men ran them in circles near the fire to thaw their bodies.

Männen sprang dem i cirklar nära elden för att tina upp deras kroppar.

They came so close to the flames that their fur was singed.

De kom så nära lågorna att deras päls brändes.

Spitz broke through the ice next, dragging in the team behind him.

Spitz bröt sig sedan igenom isen och släpade in spannet efter sig.

The break reached all the way up to where Buck was pulling.

Brotten nådde hela vägen upp till där Buck drog.

Buck leaned back hard, paws slipping and trembling on the edge.

Buck lutade sig hårt bakåt, tassarna halkade och darrade på kanten.

Dave also strained backward, just behind Buck on the line.

Dave spände sig också bakåt, precis bakom Buck på linjen.

François hauled on the sled, his muscles cracking with effort.

François släpade på släden, hans muskler sprack av ansträngning.

Another time, rim ice cracked before and behind the sled.

En annan gång sprack isen på kanten framför och bakom släden.

They had no way out except to climb a frozen cliff wall.

De hade ingen utväg förutom att klättra uppför en frusen klippvägg.

Perrault somehow climbed the wall; a miracle kept him alive.

Perrault klättrade på något sätt uppför väggen; ett mirakel höll honom vid liv.

François stayed below, praying for the same kind of luck.

François stannade kvar nedanför och bad om samma slags tur.

They tied every strap, lashing, and trace into one long rope.

De knöt ihop varje rem, surrning och skena till ett enda långt rep.

The men hauled each dog up, one at a time to the top.

Männen släpade upp varje hund, en i taget, till toppen.

François climbed last, after the sled and the entire load.

François klättrade sist, efter släden och hela lasten.

Then began a long search for a path down from the cliffs.

Sedan började ett långt sökande efter en stig ner från klipporna.

They finally descended using the same rope they had made.

Till slut kom de ner med samma rep som de hade gjort.

Night fell as they returned to the riverbed, exhausted and sore.

Natten föll när de återvände till flodbädden, utmattade och ömma.

They had taken a full day to cover only a quarter of a mile.

De hade tagit en hel dag på sig att bara tillryggalägga en kvarts mil.

By the time they reached the Hootalinqua, Buck was worn out.

När de nådde Hootalinqua var Buck utmattad.

The other dogs suffered just as badly from the trail conditions.

De andra hundarna led lika illa av förhållandena på stigen.

But Perrault needed to recover time, and pushed them on each day.

Men Perrault behövde återhämta sig tid och pressade dem på varje dag.

The first day they traveled thirty miles to Big Salmon.

Den första dagen reste de trettio mil till Big Salmon.

The next day they travelled thirty-five miles to Little Salmon.

Nästa dag reste de trettiofem mil till Little Salmon.

On the third day they pushed through forty long frozen miles.

På tredje dagen färdades de igenom fyrtio långa frusna mil.

By then, they were nearing the settlement of Five Fingers.

Vid det laget närmade de sig bosättningen Five Fingers.

Buck's feet were softer than the hard feet of native huskies.
Bucks fötter var mjukare än de hårda fötterna hos inhemska huskies.

His paws had grown tender over many civilized generations.
Hans tassar hade blivit möra under många civiliserade generationer.

Long ago, his ancestors had been tamed by river men or hunters.
För länge sedan hade hans förfäder tämjts av flodmän eller jägare.

Every day Buck limped in pain, walking on raw, aching paws.
Varje dag haltade Buck av smärta och gick på råa, värkande tassar.

At camp, Buck dropped like a lifeless form upon the snow.
I lägret föll Buck ner som en livlös skepnad på snön.

Though starving, Buck did not rise to eat his evening meal.
Fastän Buck var utsvulten, steg han inte upp för att äta sitt kvällsmål.

François brought Buck his ration, laying fish by his muzzle.
François gav Buck sin ranson och lade fisk vid nosen.

Each night the driver rubbed Buck's feet for half an hour.
Varje kväll gnuggade kusken Bucks fötter i en halvtimme.

François even cut up his own moccasins to make dog footwear.
François skar till och med upp sina egna mockasiner för att göra hundskor.

Four warm shoes gave Buck a great and welcome relief.
Fyra varma skor gav Buck en stor och välkommen lättnad.

One morning, François forgot the shoes, and Buck refused to rise.
En morgon glömde François skorna, och Buck vägrade att resa sig.

Buck lay on his back, feet in the air, waving them pitifully.

Buck låg på rygg med fötterna i vädret och viftade ynkligt med dem.

Even Perrault grinned at the sight of Buck's dramatic plea.

Till och med Perrault flinade vid åsynen av Bucks dramatiska vädjan.

Soon Buck's feet grew hard, and the shoes could be discarded.

Snart blev Bucks fötter hårda, och skorna kunde slängas.

At Pelly, during harness time, Dolly let out a dreadful howl.

Vid Pelly, under seletiden, gav Dolly ifrån sig ett fruktansvärt ylande.

The cry was long and filled with madness, shaking every dog.

Ropet var långt och fyllt av galenskap och skakade varje hund.

Each dog bristled in fear without knowing the reason.

Varje hund rystede av rädsla utan att veta orsaken.

Dolly had gone mad and hurled herself straight at Buck.

Dolly hade blivit galen och kastat sig rakt på Buck.

Buck had never seen madness, but horror filled his heart.

Buck hade aldrig sett galenskap, men fasa fyllde hans hjärta.

With no thought, he turned and fled in absolute panic.

Utan att tänka på det vände han sig om och flydde i ren panik.

Dolly chased him, her eyes wild, saliva flying from her jaws.

Dolly jagade honom, hennes blick var vilda, och saliv flög från hennes käkar.

She kept right behind Buck, never gaining and never falling back.

Hon höll sig tätt bakom Buck, utan att komma ikapp och utan att backa.

Buck ran through woods, down the island, across jagged ice.

Buck sprang genom skogen, nerför ön, över ojämn is.

He crossed to an island, then another, circling back to the river.

Han gick över till en ö, sedan en annan, och gick sedan tillbaka till floden.

Still Dolly chased him, her growl close behind at every step.

Dolly jagade honom fortfarande, morrande tätt bakom vid varje steg.

Buck could hear her breath and rage, though he dared not look back.

Buck kunde höra hennes andetag och raseri, fast han vågade inte se sig om.

François shouted from afar, and Buck turned toward the voice.

ropade François på avstånd, och Buck vände sig mot rösten.

Still gasping for air, Buck ran past, placing all hope in François.

Fortfarande kippande efter luft sprang Buck förbi och satte allt hopp till François.

The dog-driver raised an axe and waited as Buck flew past.

Hundföraren höjde en yxa och väntade medan Buck flög förbi.

The axe came down fast and struck Dolly's head with deadly force.

Yxan föll ner snabbt och träffade Dollys huvud med dödlig kraft.

Buck collapsed near the sled, wheezing and unable to move.

Buck kollapsade nära släden, väsande andning och oförmögen att röra sig.

That moment gave Spitz his chance to strike an exhausted foe.

Det ögonblicket gav Spitz hans chans att slå till mot en utmattad motståndare.

Twice he bit Buck, ripping flesh down to the white bone.

Två gånger bet han Buck och slet ända ner till det vita benet.

François's whip cracked, striking Spitz with full, furious force.

François piska knäcktes och träffade Spitz med full, rasande kraft.

Buck watched with joy as Spitz received his harshest beating yet.

Buck såg med glädje på när Spitz fick sin hårdaste stryk hittills.

"He's a devil, that Spitz," Perrault muttered darkly to himself.

"Han är en djävul, den där Spitzen", mumlade Perrault dystert för sig själv.

"Someday soon, that cursed dog will kill Buck—I swear it."

"Snart kommer den där förbannade hunden att döda Buck – jag lovar."

"That Buck has two devils in him," François replied with a nod.

"Den där Buck har två djävlar i sig", svarade François med en nick.

"When I watch Buck, I know something fierce waits in him."

"När jag ser Buck vet jag att något vildsint väntar inom honom."

"One day, he'll get mad as fire and tear Spitz to pieces."

"En dag blir han galen som eld och sliter Spitz i bitar."

"He'll chew that dog up and spit him on the frozen snow."

"Han kommer att tugga sönder hunden och spotta honom på den frusna snön."

"Sure as anything, I know this deep in my bones."

"Javisst, det här vet jag innerst inne."

From that moment forward, the two dogs were locked in war.

Från det ögonblicket och framåt var de två hundarna instängda i krig.

Spitz led the team and held power, but Buck challenged that.

Spitz ledde laget och hade makten, men Buck ifrågasatte det.

Spitz saw his rank threatened by this odd Southland stranger.

Spitz såg sin rang hotad av denne märklige främling från Sydlandet.

Buck was unlike any southern dog Spitz had known before.

Buck var olik alla andra sydstatshundar som Spitz hade känt till tidigare.

Most of them failed—too weak to live through cold and hunger.

De flesta av dem misslyckades – för svaga för att överleva kyla och hunger.

They died fast under labor, frost, and the slow burn of famine.

De dog snabbt under arbete, frost och hungersnödens långsamma brinnande.

Buck stood apart—stronger, smarter, and more savage each day.

Buck stack ut – starkare, smartare och vildare för varje dag.

He thrived on hardship, growing to match the northern huskies.

Han trivdes i svårigheter och växte upp för att matcha de norra huskiesna.

Buck had strength, wild skill, and a patient, deadly instinct.

Buck hade styrka, vild skicklighet och en tålmodig, dödlig instinkt.

The man with the club had beaten rashness out of Buck.

Mannen med klubban hade slagit ur Buck den obetänksamma förhastighet.

Blind fury was gone, replaced by quiet cunning and control.

Blind ilska var borta, ersatt av tyst slughet och kontroll.

He waited, calm and primal, watching for the right moment.

Han väntade, lugn och primal, och väntade på rätt ögonblick.

Their fight for command became unavoidable and clear.

Deras kamp om befälet blev oundviklig och tydlig.

Buck desired leadership because his spirit demanded it.

Buck önskade ledarskap eftersom hans anda krävde det.

He was driven by the strange pride born of trail and harness.

Han drevs av den säregna stoltheten som föddes ur stig och sele.

That pride made dogs pull till they collapsed on the snow.

Den stoltheten fick hundar att dra tills de kollapsade i snön.

Pride lured them into giving all the strength they had.

Stolthet lockade dem att ge all den styrka de hade.

Pride can lure a sled-dog even to the point of death.

Stolthet kan locka en slädhund ända till döden.

Losing the harness left dogs broken and without purpose.

Att tappa selen lämnade hundarna trasiga och utan syfte.

The heart of a sled-dog can be crushed by shame when they retire.

En slädhunds hjärta kan krossas av skam när den går i pension.

Dave lived by that pride as he dragged the sled from behind.

Dave levde efter den stoltheten medan han släpade släden bakifrån.

Solleks, too, gave his all with grim strength and loyalty.

Även Solleks gav allt med dyster styrka och lojalitet.

Each morning, pride turned them from bitter to determined.

Varje morgon förvandlade stoltheten dem från bittra till beslutsamma.

They pushed all day, then dropped silent at the camp's end.

De pressade på hela dagen, sedan tystnade de vid slutet av lägret.

That pride gave Spitz the strength to beat shirkers into line.

Den stoltheten gav Spitz styrkan att före smygarna in i kön.

Spitz feared Buck because Buck carried that same deep pride.

Spitz fruktade Buck eftersom Buck bar samma djupa stolthet.

Buck's pride now stirred against Spitz, and he did not stop.

Bucks stolthet rörde sig nu mot Spitz, och han stannade inte.

Buck defied Spitz's power and blocked him from punishing dogs.

Buck trotsade Spitz makt och hindrade honom från att straffa hundar.

When others failed, Buck stepped between them and their leader.

När andra misslyckades, ställde Buck sig mellan dem och deras ledare.

He did this with intent, making his challenge open and clear.

Han gjorde detta med avsikt och gjorde sin utmaning öppen och tydlig.

On one night heavy snow blanketed the world in deep silence.

En natt täckte tung snö världen i djup tystnad.

The next morning, Pike, lazy as ever, did not rise for work.

Nästa morgon gick Pike, lat som alltid, inte upp för att arbeta.

He stayed hidden in his nest beneath a thick layer of snow.

Han höll sig gömd i sitt bo under ett tjockt lager snö.

François called out and searched, but could not find the dog.

François ropade och letade, men kunde inte hitta hunden.

Spitz grew furious and stormed through the snow-covered camp.

Spitz blev rasande och stormade genom det snötäckta lägret.

He growled and sniffed, digging madly with blazing eyes.

Han morrade och snörvlade, grävde vilt med flammande ögon.

His rage was so fierce that Pike shook under the snow in fear.

Hans raseri var så våldsamt att Pike skakade under snön av skräck.

When Pike was finally found, Spitz lunged to punish the hiding dog.

När Pike äntligen hittades, kastade Spitz sig ut för att straffa den gömda hunden.

But Buck sprang between them with a fury equal to Spitz's own.

Men Buck sprang emellan dem med en raseri lika med Spitz egen.

The attack was so sudden and clever that Spitz fell off his feet.

Attacken var så plötslig och listig att Spitz föll av fötterna.

Pike, who had been shaking, took courage from this defiance.

Pike, som hade skakat, hämtade mod från detta trots.

He leapt on the fallen Spitz, following Buck's bold example.

Han hoppade upp på den fallna Spitzen och följde Bucks djärva exempel.

Buck, no longer bound by fairness, joined the strike on Spitz.

Buck, inte längre bunden av rättvisa, anslöt sig till strejken mot Spitz.

François, amused yet firm in discipline, swung his heavy lash.

François, road men bestämd i sin disciplin, svingade sin tunga piskslag.

He struck Buck with all his strength to break up the fight.

Han slog Buck med all sin kraft för att avbryta striden.

Buck refused to move and stayed atop the fallen leader.

Buck vägrade att röra sig och stannade kvar ovanpå den fallna ledaren.

François then used the whip's handle, hitting Buck hard.

François använde sedan piskan och slog Buck hårt.

Staggering from the blow, Buck fell back under the assault.

Vacklande av slaget föll Buck bakåt under attacken.

François struck again and again while Spitz punished Pike.

François slog till om och om igen medan Spitz straffade Pike.

Days passed, and Dawson City grew nearer and nearer.

Dagarna gick, och Dawson City kom närmare och närmare.

Buck kept interfering, slipping between Spitz and other dogs.

Buck fortsatte att lägga sig i och gled mellan Spitz och de andra hundarna.

He chose his moments well, always waiting for François to leave.

Han valde sina ögonblick väl och väntade alltid på att François skulle gå.

Buck's quiet rebellion spread, and disorder took root in the team.

Bucks tysta uppror spred sig, och oordning slog rot i laget.

Dave and Solleks stayed loyal, but others grew unruly.

Dave och Solleks förblev lojala, men andra blev ostyriga.

The team grew worse—restless, quarrelsome, and out of line.

Laget blev värre – rastlöst, grälsjukt och ur led.

Nothing worked smoothly anymore, and fights became common.

Ingenting fungerade längre smidigt, och slagsmål blev vanliga.

Buck stayed at the heart of the trouble, always provoking unrest.

Buck stannade i kärnan av oroligheterna och provocerade ständigt fram oroligheter.

François stayed alert, afraid of the fight between Buck and Spitz.

François förblev vaken, rädd för slagsmålet mellan Buck och Spitz.

Each night, scuffles woke him, fearing the beginning finally arrived.

Varje natt väckte han bråk, av rädsla för att början äntligen var inne.

He leapt from his robe, ready to break up the fight.

Han hoppade av sin mantel, redo att avbryta striden.

But the moment never came, and they reached Dawson at last.

Men ögonblicket kom aldrig, och de nådde äntligen Dawson.

The team entered the town one bleak afternoon, tense and quiet.

Teamet kom in i staden en dyster eftermiddag, spänt och tyst.

The great battle for leadership still hung in the frozen air.

Den stora striden om ledarskapet hängde fortfarande i den frusna luften.

Dawson was full of men and sled-dogs, all busy with work.

Dawson var full av män och slädhundar, alla upptagna med arbete.

Buck watched the dogs pull loads from morning until night.

Buck såg hundarna dra lass från morgon till kväll.

They hauled logs and firewood, freighted supplies to the mines.

De transporterade stockar och ved och fraktade förnödenheter till gruvorna.

Where horses once worked in the Southland, dogs now labored.

Där hästar en gång arbetade i Southland, arbetade nu hundar.

Buck saw some dogs from the South, but most were wolf-like huskies.

Buck såg några hundar från södern, men de flesta var varglika huskyer.

At night, like clockwork, the dogs raised their voices in song.

På natten, som ett urverk, höjde hundarna sina röster i sång.

At nine, at midnight, and again at three, the singing began.

Klockan nio, vid midnatt och återigen klockan tre började sången.

Buck loved joining their eerie chant, wild and ancient in sound.

Buck älskade att sällskapa till deras kusliga sång, vild och uråldrig i klangen.

The aurora flamed, stars danced, and snow blanketed the land.

Norrskenet flammade, stjärnorna dansade och snö täckte landet.

The dogs' song rose as a cry against silence and bitter cold.

Hundarnas sång höjdes som ett rop mot tystnaden och den bittra kylan.

But their howl held sorrow, not defiance, in every long note.

Men deras ylande rymde sorg, inte trots, i varje lång ton.

Each wailing cry was full of pleading; the burden of life itself.

Varje klagan var fullt av vädjan; själva livets börda.

That song was old—older than towns, and older than fires

Den sången var gammal – äldre än städer och äldre än bränder

That song was more ancient even than the voices of men.

Den sången var äldre än till och med människors röster.

It was a song from the young world, when all songs were sad.

Det var en sång från den unga världen, när alla sånger var sorgliga.

The song carried sorrow from countless generations of dogs.
Sången bar med sig sorg från otaliga generationer av hundar.

Buck felt the melody deeply, moaning from pain rooted in the ages.
Buck kände melodin djupt, stönande av smärta rotad i tidsåldrarna.

He sobbed from a grief as old as the wild blood in his veins.
Han snyftade av en sorg lika gammal som det vilda blodet i hans ådror.

The cold, the dark, and the mystery touched Buck's soul.
Kylan, mörkret och mystiken berörde Bucks själ.

That song proved how far Buck had returned to his origins.
Den sången bevisade hur långt Buck hade återvänt till sina ursprung.

Through snow and howling he had found the start of his own life.
Genom snö och ylande hade han funnit början på sitt eget liv.

Seven days after arriving in Dawson, they set off once again.
Sju dagar efter ankomsten till Dawson gav de sig av igen.

The team dropped from the Barracks down to the Yukon Trail.
Teamet släppte från barackerna ner till Yukon Trail.

They began the journey back toward Dyea and Salt Water.
De började resan tillbaka mot Dyea och Salt Water.

Perrault carried dispatches even more urgent than before.
Perrault bar depescher ännu mer brådskande än tidigare.

He was also seized by trail pride and aimed to set a record.
Han greps också av stigstolthet och siktade på att sätta rekord.

This time, several advantages were on Perrault's side.
Den här gången var flera fördelar på Perraults sida.

The dogs had rested for a full week and regained their strength.
Hundarna hade vilat i en hel vecka och återfått sin styrka.

The trail they had broken was now hard-packed by others.

Spåret de hade brutit var nu hårt packat av andra.

In places, police had stored food for dogs and men alike.

På sina ställen hade polisen förvarat mat åt både hundar och män.

Perrault traveled light, moving fast with little to weigh him down.

Perrault färdades lätt, rörde sig snabbt och hade lite som tyngde ner honom.

They reached Sixty-Mile, a fifty-mile run, by the first night.

De nådde Sixty-Mile, en löprunda på åtta kilometer, redan den första natten.

On the second day, they rushed up the Yukon toward Pelly.

På den andra dagen rusade de uppför Yukon mot Pelly.

But such fine progress came with much strain for François.

Men sådana fina framsteg medförde stora påfrestningar för François.

Buck's quiet rebellion had shattered the team's discipline.

Bucks tysta uppror hade krossat lagets disciplin.

They no longer pulled together like one beast in the reins.

De drog inte längre åt samma håll som ett enda odjur i tyglarna.

Buck had led others into defiance through his bold example.

Buck hade lett andra till trots genom sitt djärva exempel.

Spitz's command was no longer met with fear or respect.

Spitz befallning möttes inte längre med fruktan eller respekt.

The others lost their awe of him and dared to resist his rule.

De andra förlorade sin vördnad för honom och vågade göra motstånd mot hans styre.

One night, Pike stole half a fish and ate it under Buck's eye.

En natt stal Pike en halv fisk och åt den mitt framför Bucks öga.

Another night, Dub and Joe fought Spitz and went unpunished.

En annan natt slogs Dub och Joe mot Spitz och klarade sig ostraffade.

Even Billee whined less sweetly and showed new sharpness.

Till och med Billee gnällde mindre sött och visade ny skärpa.

Buck snarled at Spitz every time they crossed paths.

Buck morrade åt Spitz varje gång de korsade vägar.

Buck's attitude grew bold and threatening, nearly like a bully.

Bucks attityd blev djärv och hotfull, nästan som en översittare.

He paced before Spitz with a swagger, full of mocking menace.

Han gick fram och tillbaka framför Spitz med en bravur, full av hånfulla hot.

That collapse of order also spread among the sled-dogs.

Det ordningens kollaps spred sig även bland slädhundarna.

They fought and argued more than ever, filling camp with noise.

De slogs och grälade mer än någonsin, och fyllde lägret med oväsen.

Camp life turned into a wild, howling chaos each night.

Lägerlivet förvandlades till ett vilt, ylande kaos varje natt.

Only Dave and Solleks remained steady and focused.

Endast Dave och Solleks förblev stadiga och fokuserade.

But even they became short-tempered from the constant brawls.

Men även de blev korta till mods av de ständiga bråken.

François cursed in strange tongues and stomped in frustration.

François svor på främmande språk och stampade i frustration.

He tore at his hair and shouted while snow flew underfoot.

Han slet sig i håret och skrek medan snön flög under fötterna.

His whip snapped across the pack but barely kept them in line.

Hans piska smällde över flocken men höll dem nätt och jämnt i ledet.

Whenever his back was turned, the fighting broke out again.

Varje gång han vände ryggen till utbröt striderna igen.

François used the lash for Spitz, while Buck led the rebels.

François använde piskslaget för Spitz, medan Buck ledde rebellerna.

Each knew the other's role, but Buck avoided any blame.

Båda kände till den andres roll, men Buck undvek all skuld.

François never caught Buck starting a fight or shirking his job.

François ertappade aldrig Buck med att starta ett bråk eller smita från sitt jobb.

Buck worked hard in harness—the toil now thrilled his spirit.

Buck arbetade hårt i sele – slitet upprörde nu hans ande.

But he found even more joy in stirring fights and chaos in camp.

Men han fann ännu större glädje i att skapa bråk och kaos i lägret.

At the Tahkeena's mouth one evening, Dub startled a rabbit.

En kväll vid Tahkeenas mynning skrämde Dub en kanin.

He missed the catch, and the snowshoe rabbit sprang away.

Han missade fångsten, och snöskokaninen sprang iväg.

In seconds, the entire sled team gave chase with wild cries.

På några sekunder gav hela slädteamet efter under vilda rop.

Nearby, a Northwest Police camp housed fifty husky dogs.

I närheten fanns ett polisläger för nordvästra USA, där femtio huskyhundar fanns.

They joined the hunt, surging down the frozen river together.

De anslöt sig till jakten och for nerför den frusna floden tillsammans.

The rabbit turned off the river, fleeing up a frozen creek bed.

Kaninen svängde av floden och flydde uppför en frusen bäckfåra.

The rabbit skipped lightly over snow while the dogs struggled through.

Kaninen hoppade lätt över snön medan hundarna kämpade sig fram.

Buck led the massive pack of sixty dogs around each twisting bend.

Buck ledde den massiva flocken på sextio hundar runt varje slingrande krök.

He pushed forward, low and eager, but could not gain ground.

Han trängde sig framåt, lågt och ivrigt, men kunde inte vinna mark.

His body flashed under the pale moon with each powerful leap.

Hans kropp blixtrade under den bleka månen vid varje kraftfullt språng.

Ahead, the rabbit moved like a ghost, silent and too fast to catch.

Framför rörde sig kaninen som ett spöke, tyst och för snabb för att kunna fånga den.

All those old instincts—the hunger, the thrill—rushed through Buck.

Alla de där gamla instinkterna – hungern, spänningen – rusade genom Buck.

Humans feel this instinct at times, driven to hunt with gun and bullet.

Människor känner ibland denna instinkt, drivna att jaga med gevär och kula.

But Buck felt this feeling on a deeper and more personal level.

Men Buck kände den här känslan på ett djupare och mer personligt plan.

They could not feel the wild in their blood the way Buck could feel it.

De kunde inte känna vildmarken i sitt blod på samma sätt som Buck kunde känna den.

He chased living meat, ready to kill with his teeth and taste blood.

Han jagade levande kött, redo att döda med tänderna och smaka blod.

His body strained with joy, wanting to bathe in warm red life.

Hans kropp ansträngde sig av glädje, och ville bada i varmt rött liv.

A strange joy marks the highest point life can ever reach.

En märklig glädje markerar den högsta punkt livet någonsin kan nå.

The feeling of a peak where the living forget they are even alive.

Känslan av en topp där de levande glömmer att de ens lever.

This deep joy touches the artist lost in blazing inspiration.

Denna djupa glädje berör konstnären som är förlorad i flammande inspiration.

This joy seizes the soldier who fights wildly and spares no foe.

Denna glädje griper soldaten som kämpar vilt och inte skonar någon fiende.

This joy now claimed Buck as he led the pack in primal hunger.

Denna glädje krävde nu Buck då han ledde flocken i urhunger.

He howled with the ancient wolf-cry, thrilled by the living chase.

Han ylade med det urgamla vargskriet, hänförd av den levande jakten.

Buck tapped into the oldest part of himself, lost in the wild.

Buck utnyttjade den äldsta delen av sig själv, förlorad i vildmarken.

He reached deep within, past memory, into raw, ancient time.

Han nådde djupt in i det förflutna, in i den råa, uråldriga tiden.

A wave of pure life surged through every muscle and tendon.

En våg av rent liv vällde genom varje muskel och sena.

Each leap shouted that he lived, that he moved through death.

Varje hopp ropade att han levde, att han rörde sig genom döden.

His body soared joyfully over still, cold land that never stirred.

Hans kropp svävade glädjefyllt över det stilla, kalla, orörda landet.

Spitz stayed cold and cunning, even in his wildest moments.

Spitz förblev kall och listig, även i sina vildaste stunder.

He left the trail and crossed land where the creek curved wide.

Han lämnade leden och korsade mark där bäcken svängde sig vid.

Buck, unaware of this, stayed on the rabbit's winding path.

Buck, omedveten om detta, stannade kvar på kaninens slingrande stig.

Then, as Buck rounded a bend, the ghost-like rabbit was before him.

Sedan, när Buck rundade en kurva, stod den spöklika kaninen framför honom.

He saw a second figure leap from the bank ahead of the prey.

Han såg en andra figur hoppa från stranden framför bytet.

The figure was Spitz, landing right in the path of the fleeing rabbit.

Figuren var Spitz, som landade precis i den flyende kaninens väg.

The rabbit could not turn and met Spitz's jaws in mid-air.

Kaninen kunde inte vända sig om och mötte Spitzs käkar i luften.

The rabbit's spine broke with a shriek as sharp as a dying human's cry.

Kaninens ryggrad bröts av med ett skrik lika skarpt som en döende människas rop.

At that sound—the fall from life to death—the pack howled loud.

Vid det ljudet – fallet från liv till död – ylade flocken högt.

A savage chorus rose from behind Buck, full of dark delight.

En vild kör höjdes bakom Buck, full av mörk glädje.

Buck gave no cry, no sound, and charged straight into Spitz.

Buck ropade inte, inget ljud, och stormade rakt in i Spitz.

He aimed for the throat, but struck the shoulder instead.

Han siktade på halsen, men träffade istället axeln.

They tumbled through soft snow; their bodies locked in combat.

De tumlade genom mjuk snö; deras kroppar var upptagna i strid.

Spitz sprang up quickly, as if never knocked down at all.

Spitz sprang snabbt upp, som om han aldrig hade blivit nedslagen.

He slashed Buck's shoulder, then leaped clear of the fight.

Han högg Buck i axeln och sprang sedan undan ur striden.

Twice his teeth snapped like steel traps, lips curled and fierce.

Två gånger knäppte hans tänder som stålfällor, läpparna var böjda och vildsint.

He backed away slowly, seeking firm ground under his feet.

Han backade långsamt undan och sökte fast mark under fötterna.

Buck understood the moment instantly and fully.

Buck förstod ögonblicket omedelbart och helt.

The time had come; the fight was going to be a fight to the death.

Tiden var inne; kampen skulle bli en kamp till döden.

The two dogs circled, growling, ears flat, eyes narrowed.

De två hundarna cirkulerade, morrade, med platta öron och sammanbitna ögon.

Each dog waited for the other to show weakness or misstep.

Varje hund väntade på att den andra skulle visa svaghet eller felsteg.

To Buck, the scene felt eerily known and deeply remembered.

För Buck kändes scenen kusligt välkänd och djupt ihågkommen.

The white woods, the cold earth, the battle under moonlight.

De vita skogarna, den kalla jorden, striden i månskenet.

A heavy silence filled the land, deep and unnatural.

En tung tystnad fyllde landet, djup och onaturlig.

No wind stirred, no leaf moved, no sound broke the stillness.

Ingen vind rörde sig, inget löv rörde sig, inget ljud bröt stillheten.

The dogs' breaths rose like smoke in the frozen, quiet air.

Hundarnas andetag steg som rök i den frusna, tysta luften.

The rabbit was long forgotten by the pack of wild beasts.

Kaninen var länge glömd av flocken av vilda djur.

These half-tamed wolves now stood still in a wide circle.

Dessa halvtämjda vargar stod nu stilla i en vid cirkel.

They were quiet, only their glowing eyes revealed their hunger.

De var tysta, bara deras glödande ögon avslöjade deras hunger.

Their breath drifted upward, watching the final fight begin.

Deras andetag gled uppåt, medan de såg den sista striden börja.

To Buck, this battle was old and expected, not strange at all.

För Buck var denna strid gammal och väntad, inte alls konstig.

It felt like a memory of something always meant to happen.

Det kändes som ett minne av något som alltid varit menat att hända.

Spitz was a trained fighting dog, honed by countless wild brawls.

Spitz var en tränad kamphund, finslipad genom otaliga vilda slagsmål.

From Spitzbergen to Canada, he had mastered many foes.

Från Spetsbergen till Kanada hade han besegrat många fiender.

He was filled with fury, but never gave control to rage.

Han var fylld av ilska, men gav aldrig kontroll över raseriet.

His passion was sharp, but always tempered by hard instinct.

Hans passion var skarp, men alltid mildrad av hård instinkt.

He never attacked until his own defense was in place.

Han anföll aldrig förrän hans eget försvar var på plats.

Buck tried again and again to reach Spitz's vulnerable neck.
Buck försökte gång på gång nå Spitzs sårbara nacke.
But every strike was met by a slash from Spitz's sharp teeth.
Men varje hugg möttes av ett hugg från Spitz vassa tänder.
Their fangs clashed, and both dogs bled from torn lips.
Deras huggtänder krockade, och båda hundarna blödde från
sönderrivna läppar.
No matter how Buck lunged, he couldn't break the defense.
Hur Buck än kastade sig fram kunde han inte bryta igenom
försvaret.
He grew more furious, rushing in with wild bursts of power.
Han blev alltmer rasande och stormade in med vilda
maktutbrott.
Again and again, Buck struck for the white throat of Spitz.
Om och om igen slog Buck efter Spitz vita strupe.
Each time Spitz evaded and struck back with a slicing bite.
Varje gång undvek Spitz och slog tillbaka med ett skärande
bett.
Then Buck shifted tactics, rushing as if for the throat again.
Sedan ändrade Buck taktik och rusade som för att sätta
strupen igen.
**But he pulled back mid-attack, turning to strike from the
side.**
Men han drog sig tillbaka mitt i attacken och vände sig till att
slå från sidan.
**He threw his shoulder into Spitz, aiming to knock him
down.**
Han kastade axeln mot Spitz i syfte att slå omkull honom.
Each time he tried, Spitz dodged and countered with a slash.
Varje gång han försökte undvek Spitz och kontrade med ett
hugg.
Buck's shoulder grew raw as Spitz leapt clear after every hit.
Bucks axel blev öm när Spitz sprang undan efter varje träff.
**Spitz had not been touched, while Buck bled from many
wounds.**
Spitz hade inte blivit rörd, medan Buck blödde från många
sår.

Buck's breath came fast and heavy, his body slick with blood.

Bucks andetag kom snabbt och tungt, hans kropp glödande av blod.

The fight turned more brutal with each bite and charge.

Slaget blev mer brutalt med varje bett och anfall.

Around them, sixty silent dogs waited for the first to fall.

Runt omkring dem väntade sextio tysta hundar på att de första skulle falla.

If one dog dropped, the pack were going to finish the fight.

Om en hund föll skulle flocken avsluta kampen.

Spitz saw Buck weakening, and began to press the attack.

Spitz såg Buck försvagas och började anfalla.

He kept Buck off balance, forcing him to fight for footing.

Han höll Buck ur balans och tvingade honom att kämpa för att få fotfästet.

Once Buck stumbled and fell, and all the dogs rose up.

En gång snubblade Buck och föll, och alla hundarna reste sig upp.

But Buck righted himself mid-fall, and everyone sank back down.

Men Buck rättade till sig mitt i fallet, och alla sjönk ner igen.

Buck had something rare—imagination born from deep instinct.

Buck hade något sällsynt – fantasi född ur djup instinkt.

He fought by natural drive, but he also fought with cunning.

Han kämpade av naturlig drift, men han kämpade också med slughet.

He charged again as if repeating his shoulder attack trick.

Han anföll igen som om han upprepade sitt axelattackstrick.

But at the last second, he dropped low and swept beneath Spitz.

Men i sista sekunden sjönk han lågt och svepte under Spitz.

His teeth locked on Spitz's front left leg with a snap.

Hans tänder låste sig fast i Spitz vänstra framben med ett knäpp.

Spitz now stood unsteady, his weight on only three legs.

Spitz stod nu ostadig, med endast tre ben i sin vikt.

Buck struck again, tried three times to bring him down.

Buck slog till igen och försökte tre gånger få ner honom.

On the fourth attempt he used the same move with success

På fjärde försöket använde han samma drag med framgång.

This time Buck managed to bite the right leg of Spitz.

Den här gången lyckades Buck bita Spitz i högra benet.

Spitz, though crippled and in agony, kept struggling to survive.

Spitz, trots att han var förlamad och i smärta, fortsatte att kämpa för att överleva.

He saw the circle of huskies tighten, tongues out, eyes glowing.

Han såg kretsen av huskyhundar tätna ihop, med tungorna utsträckta och ögonen glödande.

They waited to devour him, just as they had done to others.

De väntade på att sluka honom, precis som de hade gjort mot andra.

This time, he stood in the center; defeated and doomed.

Den här gången stod han i mitten; besegrad och dömd.

There was no option to escape for the white dog now.

Det fanns inget annat alternativ för den vita hunden att fly nu.

Buck showed no mercy, for mercy did not belong in the wild.

Buck visade ingen nåd, för nåd hörde inte hemma i naturen.

Buck moved carefully, setting up for the final charge.

Buck rörde sig försiktigt och förberedde sig för den sista anfallet.

The circle of huskies closed in; he felt their warm breaths.

Cirkeln av huskyhundar slöt sig om; han kände deras varma andetag.

They crouched low, prepared to spring when the moment came.

De hukade sig lågt, redo att hoppa när ögonblicket kom.

Spitz quivered in the snow, snarling and shifting his stance.

Spitz darrade i snön, morrade och ändrade ställning.

His eyes glared, lips curled, teeth flashing in desperate threat.

Hans ögon stirrade, läpparna krullade, tänderna blixtrade av desperat hot.

He staggered, still trying to hold off the cold bite of death.

Han vacklade, fortfarande försökande att hålla tillbaka dödens kalla bett.

He had seen this before, but always from the winning side.

Han hade sett detta förut, men alltid från den vinnande sidan.

Now he was on the losing side; the defeated; the prey; death.

Nu var han på den förlorande sidan; den besegrade; bytet; döden.

Buck circled for the final blow, the ring of dogs pressed closer.

Buck gick i en cirk för att ge det sista slaget, hundarnas ring trängdes närmare.

He could feel their hot breaths; ready for the kill.

Han kunde känna deras heta andetag; redo för att döda.

A stillness fell; all was in its place; time had stopped.

En stillhet föll; allt var på sin plats; tiden hade stannat.

Even the cold air between them froze for one last moment.

Till och med den kalla luften mellan dem frös till is för ett sista ögonblick.

Only Spitz moved, trying to hold off his bitter end.

Endast Spitz rörde sig och försökte hålla tillbaka hans bittra slut.

The circle of dogs was closing in around him, as was his destiny.

Hundkretsen slöt sig om honom, liksom hans öde.

He was desperate now, knowing what was about to happen.

Han var desperat nu, eftersom han visste vad som skulle hända.

Buck sprang in, shoulder met shoulder one last time.

Buck hoppade in, axel mötte axel en sista gång.

The dogs surged forward, covering Spitz in the snowy dark.

Hundarna rusade fram och täckte Spitz i det snötäckta mörkret.

Buck watched, standing tall; the victor in a savage world.

Buck tittade på, stående rak; segraren i en vild värld.

The dominant primordial beast had made its kill, and it was good.

Det dominerande urdjuret hade gjort sin byte, och det var bra.

He, Who Has Won to Mastership
Han som har vunnit mästerskapet

"Eh? What did I say? I speak true when I say Buck is a devil."
"Eh? Vad sa jag? Jag talar sanning när jag säger att Buck är en djävul."

François said this the next morning after finding Spitz missing.
François sa detta nästa morgon efter att ha hittat Spitz försvunnen.

Buck stood there, covered with wounds from the vicious fight.
Buck stod där, täckt av sår från den våldsamma striden.

François pulled Buck near the fire and pointed at the injuries.
François drog Buck nära elden och pekade på skadorna.

"That Spitz fought like the Devik," said Perrault, eyeing the deep gashes.
"Den där Spitzen slogs som en Devik", sa Perrault och blickade ut över de djupa såren.

"And that Buck fought like two devils," François replied at once.
"Och att Buck slogs som två djävlar", svarade François genast.

"Now we will make good time; no more Spitz, no more trouble."
"Nu ska vi ha det bra; ingen mer Spitz, inget mer problem."

Perrault was packing the gear and loaded the sled with care.
Perrault packade utrustningen och lastade släden omsorgsfullt.

François harnessed the dogs in preparation for the day's run.
François selade hundarna som förberedelse inför dagens löprunda.

Buck trotted straight to the lead position once held by Spitz.
Buck travade rakt upp till den ledningsposition som en gång innehades av Spitz.

But François, not noticing, led Solleks forward to the front.

Men François, som inte märkte det, ledde Solleks fram till
fronten.

In François's judgment, Solleks was now the best lead-dog.
Enligt François' bedömning var Solleks nu den bästa
ledarhunden.

**Buck sprang at Solleks in fury and drove him back in
protest.**
Buck sprang rasande mot Solleks och drev honom tillbaka i
protest.

**He stood where Spitz once had stood, claiming the lead
position.**
Han stod där Spitz en gång hade stått och gjorde anspråk på
ledarpositionen.

"Eh? Eh?" cried François, slapping his thighs in amusement.
"Vah? Va?" utbrast François och klappade sig road för låren.

**"Look at Buck—he killed Spitz, now he wants to take the
job!"**
"Titta på Buck – han dödade Spitz, nu vill han ta jobbet!"

"Go away, Chook!" he shouted, trying to drive Buck away.
"Gå din väg, Chook!" ropade han och försökte driva bort
Buck.

But Buck refused to move and stood firm in the snow.
Men Buck vägrade att röra sig och stod stadigt i snön.

François grabbed Buck by the scruff, dragging him aside.
François grep tag i Bucks skinn och drog honom åt sidan.

Buck growled low and threateningly but did not attack.
Buck morrade lågt och hotfullt men attackerade inte.

**François put Solleks back in the lead, trying to settle the
dispute**
François satte Solleks tillbaka i ledningen och försökte lösa
tvisten

The old dog showed fear of Buck and didn't want to stay.
Den gamla hunden visade rädsla för Buck och ville inte
stanna.

**When François turned his back, Buck drove Solleks out
again.**
När François vände ryggen till, drev Buck ut Solleks igen.

Solleks did not resist and quietly stepped aside once more.

Solleks gjorde inget motstånd och steg tyst åt sidan återigen.

François grew angry and shouted, "By God, I fix you!"

François blev arg och ropade: "Vid Gud, jag fixar dig!"

He came toward Buck holding a heavy club in his hand.

Han kom mot Buck med en tung klubba i handen.

Buck remembered the man in the red sweater well.

Buck mindes mannen i den röda tröjan väl.

He retreated slowly, watching François, but growling deeply.

Han drog sig långsamt tillbaka, iakttog François, men morrade djupt.

He did not rush back, even when Solleks stood in his place.

Han skyndade sig inte tillbaka, inte ens när Solleks stod på hans plats.

Buck circled just beyond reach, snarling in fury and protest.

Buck cirklade strax utom räckhåll, morrande i raseri och protest.

He kept his eyes on the club, ready to dodge if François threw.

Han höll blicken fäst vid klubban, redo att ducka för om François kastade.

He had grown wise and wary in the ways of men with weapons.

Han hade blivit vis och försiktig när det gällde män med vapen.

François gave up and called Buck to his former place again.

François gav upp och kallade Buck till sin tidigare plats igen.

But Buck stepped back cautiously, refusing to obey the order.

Men Buck tog ett försiktigt steg tillbaka och vägrade att lyda ordern.

François followed, but Buck only retreated a few steps more.

François följde efter, men Buck drog sig bara tillbaka några steg till.

After some time, François threw the weapon down in frustration.

Efter en stund kastade François ner vapnet i frustration.

He thought Buck feared a beating and was going to come quietly.

Han trodde att Buck fruktade att bli misshandlad och skulle komma tyst.

But Buck wasn't avoiding punishment—he was fighting for rank.

Men Buck undvek inte straff – han kämpade för rang.

He had earned the lead-dog spot through a fight to the death

Han hade förtjänat ledarhundsplatsen genom en kamp på liv och död

he was not going to settle for anything less than being the leader.

Han skulle inte nöja sig med något mindre än att vara ledaren.

Perrault took a hand in the chase to help catch the rebellious Buck.

Perrault hjälpte till i jakten för att fånga den upproriske Buck.

Together, they ran him around the camp for nearly an hour.

Tillsammans sprang de runt med honom i lägret i nästan en timme.

They hurled clubs at him, but Buck dodged each one skillfully.

De kastade klubbor mot honom, men Buck undvek skickligt var och en av dem.

They cursed him, his ancestors, his descendants, and every hair on him.

De förbannade honom, hans förfäder, hans ättlingar och vartenda hårstrå på honom.

But Buck only snarled back and stayed just out of their reach.

Men Buck bara morrade tillbaka och höll sig precis utom räckhåll.

He never tried to run away but circled the camp deliberately.

Han försökte aldrig fly utan gick medvetet runt lägret.

He made it clear he was going to obey once they gave him what he wanted.

Han gjorde det klart att han skulle lyda när de väl gav honom vad han ville ha.

François finally sat down and scratched his head in frustration.

François satte sig slutligen ner och kliade sig frustrerat i huvudet.

Perrault checked his watch, swore, and muttered about lost time.

Perrault tittade på sin klocka, svor och mumlade om förlorad tid.

An hour had already passed when they should have been on the trail.

En timme hade redan gått när de borde ha varit på spåret.

François shrugged sheepishly at the courier, who sighed in defeat.

François ryckte fåraktigt på axlarna mot kuriren, som suckade besegrad.

Then François walked to Solleks and called out to Buck once more.

Sedan gick François till Solleks och ropade på Buck ännu en gång.

Buck laughed like a dog laughs, but kept his cautious distance.

Buck skrattade som en hund skrattar, men höll försiktigt avstånd.

François removed Solleks's harness and returned him to his spot.

François tog av Solleks sele och satte honom tillbaka på sin plats.

The sled team stood fully harnessed, with only one spot unfilled.

Kälkspannet stod fullt selat, med bara en plats ledig.

The lead position remained empty, clearly meant for Buck alone.

Ledarpositionen förblev tom, uppenbarligen avsedd enbart för Buck.

François called again, and again Buck laughed and held his ground.
François ropade igen, och återigen skrattade Buck och stod fast.

"Throw down the club," Perrault ordered without hesitation.
"Kasta ner klubban", beordrade Perrault utan att tveka.

François obeyed, and Buck immediately trotted forward proudly.
François lydde, och Buck travade genast stolt fram.

He laughed triumphantly and stepped into the lead position.
Han skrattade triumferande och klev in i ledarpositionen.

François secured his traces, and the sled was broken loose.
François säkrade sina spår, och släden bröts loss.

Both men ran alongside as the team raced onto the river trail.
Båda männen sprang bredvid medan laget rusade ut på flodleden.

François had thought highly of Buck's "two devils,"
François hade haft höga tankar om Bucks "två djävlar".

but he soon realized he had actually underestimated the dog.
men han insåg snart att han faktiskt hade underskattat hunden.

Buck quickly assumed leadership and performed with excellence.
Buck tog snabbt ledarskapet och presterade med utmärkt resultat.

In judgment, quick thinking, and fast action, Buck surpassed Spitz.
I omdöme, snabbt tänkande och snabba handlingar överträffade Buck Spitz.

François had never seen a dog equal to what Buck now displayed.
François hade aldrig sett en hund som var likvärdig med den Buck nu visade upp.

But Buck truly excelled in enforcing order and commanding respect.
Men Buck utmärkte sig verkligen i att upprätthålla ordning och kräva respekt.

Dave and Solleks accepted the change without concern or protest.
Dave och Solleks accepterade förändringen utan oro eller protest.
They focused only on work and pulling hard in the reins.
De fokuserade bara på arbete och att dra hårt i tyglarna.
They cared little who led, so long as the sled kept moving.
De brydde sig föga om vem som ledde, så länge släden fortsatte att röra sig.
Billee, the cheerful one, could have led for all they cared.
Billee, den glada, kunde ha lett vad de än brydde sig om.
What mattered to them was peace and order in the ranks.
Det som var viktigt för dem var lugn och ordning i leden.

The rest of the team had grown unruly during Spitz's decline.
Resten av laget hade blivit ostyrigt under Spitz nedgång.
They were shocked when Buck immediately brought them to order.
De blev chockade när Buck omedelbart beställde dem.
Pike had always been lazy and dragging his feet behind Buck.
Pike hade alltid varit lat och släpat efter Buck.
But now was sharply disciplined by the new leadership.
Men nu blev han skarpt disciplinerad av det nya ledarskapet.
And he quickly learned to pull his weight in the team.
Och han lärde sig snabbt att dra sin balk i laget.
By the end of the day, Pike worked harder than ever before.
Vid dagens slut arbetade Pike hårdare än någonsin tidigare.
That night in camp, Joe, the sour dog, was finally subdued.
Den natten i lägret blev Joe, den sura hunden, äntligen kuvad.
Spitz had failed to discipline him, but Buck did not fail.
Spitz hade misslyckats med att disciplinera honom, men Buck misslyckades inte.
Using his greater weight, Buck overwhelmed Joe in seconds.
Med sin större vikt övermannade Buck Joe på några sekunder.

He bit and battered Joe until he whimpered and ceased resisting.
Han bet och slog Joe tills han gnällde och slutade göra motstånd.

The whole team improved from that moment on.
Hela laget förbättrades från det ögonblicket.

The dogs regained their old unity and discipline.
Hundarna återfick sin gamla enighet och disciplin.

At Rink Rapids, two new native huskies, Teek and Koona, joined.
Vid Rink Rapids anslöt sig två nya inhemska huskies, Teek och Koona.

Buck's swift training of them astonished even François.
Bucks snabba träning av dem förvånade till och med François.

"Never was there such a dog as that Buck!" he cried in amazement.
"Aldrig har det funnits en sådan hund som den där Buck!" ropade han förvånat.

"No, never! He's worth one thousand dollars, by God!"
"Nej, aldrig! Han är värd tusen dollar, vid Gud!"

"Eh? What do you say, Perrault?" he asked with pride.
"Eh? Vad säger du, Perrault?" frågade han med stolthet.

Perrault nodded in agreement and checked his notes.
Perrault nickade instämmande och kontrollerade sina anteckningar.

We're already ahead of schedule and gaining more each day.
Vi ligger redan före schemat och vi blir fler för varje dag.

The trail was hard-packed and smooth, with no fresh snow.
Leden var hårt packad och slät, utan nysnö.

The cold was steady, hovering at fifty below zero throughout.
Kylan var ständig och svävade runt femtio minusgrader hela tiden.

The men rode and ran in turns to keep warm and make time.
Männen red och sprang turvis för att hålla sig varma och ta sig tid.

The dogs ran fast with few stops, always pushing forward.

Hundarna sprang snabbt med få stopp, alltid framåt.

The Thirty Mile River was mostly frozen and easy to travel across.

Thirty Mile-floden var mestadels frusen och lätt att resa över.

They went out in one day what had taken ten days coming in.

De gav sig ut på en dag, vilket hade tagit tio dagar att komma in.

They made a sixty-mile dash from Lake Le Barge to White Horse.

De sprang sextio mil från Lake Le Barge till White Horse.

Across Marsh, Tagish, and Bennett Lakes they moved incredibly fast.

Över Marsh-, Tagish- och Bennett-sjöarna rörde de sig otroligt snabbt.

The running man towed behind the sled on a rope.

Den löpande mannen bogserades bakom släden i ett rep.

On the last night of week two they got to their destination.

På den sista natten i vecka två kom de fram till sin destination.

They had reached the top of White Pass together.

De hade nått toppen av White Pass tillsammans.

They dropped down to sea level with Skaguay's lights below them.

De sjönk ner till havsnivån med Skaguays ljus under sig.

It had been a record-setting run across miles of cold wilderness.

Det hade varit en rekordartad löprunda genom kilometervis av kall vildmark.

For fourteen days straight, they averaged a strong forty miles.

Fjorton dagar i sträck snittade de en stark sträcka på sextio kilometer.

In Skaguay, Perrault and François moved cargo through town.

I Skaguay flyttade Perrault och François last genom staden.

They were cheered and offered many drinks by admiring crowds.

De blev hyllade och erbjöds många drinkar av beundrande folkmassor.

Dog-busters and workers gathered around the famous dog team.

Hundjagare och arbetare samlades runt det berömda hundspannet.

Then western outlaws came to town and met violent defeat.

Sedan kom västerländska laglösa till staden och mötte ett våldsamt nederlag.

The people soon forgot the team and focused on new drama.

Folket glömde snart laget och fokuserade på nytt drama.

Then came the new orders that changed everything at once.

Sedan kom de nya orderna som förändrade allt på en gång.

François called Buck to him and hugged him with tearful pride.

François kallade på Buck och kramade honom med tårfylld stolthet.

That moment was the last time Buck ever saw François again.

Det ögonblicket var sista gången Buck någonsin såg François igen.

Like many men before, both François and Perrault were gone.

Liksom många män tidigare var både François och Perrault borta.

A Scotch half-breed took charge of Buck and his sled dog teammates.

En skotsk halvblod tog hand om Buck och hans slädhundskamrater.

With a dozen other dog teams, they returned along the trail to Dawson.

Med ett dussin andra hundspann återvände de längs leden till Dawson.

It was no fast run now—just heavy toil with a heavy load each day.

Det var ingen snabb löprunda nu – bara hårt slit med en tung lass varje dag.

This was the mail train, bringing word to gold hunters near the Pole.

Detta var posttåget som förde bud till guldjägare nära polen.

Buck disliked the work but bore it well, taking pride in his effort.

Buck ogillade arbetet men bar det bra och var stolt över sin insats.

Like Dave and Solleks, Buck showed devotion to every daily task.

Liksom Dave och Solleks visade Buck hängivenhet i varje daglig uppgift.

He made sure his teammates each pulled their fair weight.

Han såg till att alla hans lagkamrater drog sin rättmätiga del.

Trail life became dull, repeated with the precision of a machine.

Livet på stigarna blev tråkigt, upprepat med en maskins precision.

Each day felt the same, one morning blending into the next.

Varje dag kändes likadan, en morgon smälte samman med nästa.

At the same hour, the cooks rose to build fires and prepare food.

I samma timme reste sig kockarna för att göra upp eldar och tillaga mat.

After breakfast, some left camp while others harnessed the dogs.

Efter frukost lämnade några lägret medan andra selade för hundarna.

They hit the trail before the dim warning of dawn touched the sky.

De kom iväg innan den svaga gryningsvarningen nuddade himlen.

At night, they stopped to make camp, each man with a set duty.

På natten stannade de för att slå läger, var och en man med en bestämd uppgift.

Some pitched the tents, others cut firewood and gathered pine boughs.

Några slog upp tälten, andra högg ved och samlade tallkvistar.

Water or ice was carried back to the cooks for the evening meal.

Vatten eller is bars tillbaka till kockarna för kvällsmåltiden.

The dogs were fed, and this was the best part of the day for them.

Hundarna fick mat, och detta var den bästa delen av dagen för dem.

After eating fish, the dogs relaxed and lounged near the fire.

Efter att ha ätit fisk slappnade hundarna av och låg vid elden.

There were a hundred other dogs in the convoy to mingle with.

Det fanns hundra andra hundar i konvojen att mingla med.

Many of those dogs were fierce and quick to fight without warning.

Många av dessa hundar var vildsinta och snabba att slåss utan förvarning.

But after three wins, Buck mastered even the fiercest fighters.

Men efter tre segrar bemästrade Buck även de tuffaste kämparna.

Now when Buck growled and showed his teeth, they stepped aside.

När Buck morrade och visade tänderna, klev de åt sidan.

Perhaps best of all, Buck loved lying near the flickering campfire.

Kanske bäst av allt var att Buck älskade att ligga nära den fladdrande lägerelden.

He crouched with hind legs tucked and front legs stretched ahead.

Han hukade sig med bakbenen indragna och frambenen sträckta framåt.

His head was raised as he blinked softly at the glowing flames.

Hans huvud höjdes medan han blinkade mjukt mot de glödande lågorna.

Sometimes he recalled Judge Miller's big house in Santa Clara.

Ibland mindes han domare Millers stora hus i Santa Clara.

He thought of the cement pool, of Ysabel, and the pug called Toots.

Han tänkte på cementdammen, på Ysabel och mopsen som hette Toots.

But more often he remembered the man with the red sweater's club.

Men oftare mindes han mannen med den röda tröjans klubba.

He remembered Curly's death and his fierce battle with Spitz.

Han mindes Lockigs död och hans hårda kamp med Spitz.

He also recalled the good food he had eaten or still dreamed of.

Han mindes också den goda maten han hade ätit eller fortfarande drömt om.

Buck was not homesick—the warm valley was distant and unreal.

Buck längtade inte hem – den varma dalen var avlägsen och overklig.

Memories of California no longer held any real pull over him.

Minnena från Kalifornien hade inte längre någon egentlig dragningskraft på honom.

Stronger than memory were instincts deep in his bloodline.

Starkare än minnet var instinkter djupt i hans blodslinje.

Habits once lost had returned, revived by the trail and the wild.

Vanor som en gång varit förlorade hade återvänt, återupplivade av leden och vildmarken.

As Buck watched the firelight, it sometimes became something else.

När Buck tittade på eldskenet förvandlades det ibland till något annat.

He saw in the firelight another fire, older and deeper than the present one.

Han såg i eldskenet en annan eld, äldre och djupare än den nuvarande.

Beside that other fire crouched a man unlike the half-breed cook.

Bredvid den andra elden hukade en man, olik den halvblodiga kocken.

This figure had short legs, long arms, and hard, knotted muscles.

Denna figur hade korta ben, långa armar och hårda, knutna muskler.

His hair was long and matted, sloping backward from the eyes.

Hans hår var långt och tovigt och sluttade bakåt från ögonen.

He made strange sounds and stared out in fear at the darkness.

Han gav ifrån sig konstiga ljud och stirrade skräckslagen ut i mörkret.

He held a stone club low, gripped tightly in his long rough hand.

Han höll en stenklubba lågt, hårt greppad i sin långa, grova hand.

The man wore little; just a charred skin that hung down his back.

Mannen bar lite; bara en förkolnad hud som hängde nerför hans rygg.

His body was covered with thick hair across arms, chest, and thighs.

Hans kropp var täckt av tjockt hår över armar, bröst och lår.

Some parts of the hair were tangled into patches of rough fur.

Vissa delar av håret var trassligt till fläckar av grov päls.

He did not stand straight but bent forward from the hips to knees.

Han stod inte rak utan böjde sig framåt från höfterna till knäna.

His steps were springy and catlike, as if always ready to leap.

Hans steg var fjädrande och kattlika, som om han alltid var redo att hoppa.

There was a sharp alertness, like he lived in constant fear.

Det fanns en skarp vakenhet, som om han levde i ständig rädsla.

This ancient man seemed to expect danger, whether the danger was seen or not.

Denne forntida man tycktes förvänta sig fara, oavsett om faran sågs eller inte.

At times the hairy man slept by the fire, head tucked between legs.

Ibland sov den hårige mannen vid elden med huvudet mellan benen.

His elbows rested on his knees, hands clasped above his head.

Hans armbågar vilade på knäna, händerna knäppta ovanför huvudet.

Like a dog he used his hairy arms to shed off the falling rain.

Liksom en hund använde han sina håriga armar för att skjuta upp det fallande regnet.

Beyond the firelight, Buck saw twin coals glowing in the dark.

Bortom eldskenet såg Buck dubbla glödande kol i mörkret.

Always two by two, they were the eyes of stalking beasts of prey.

Alltid två och två, var de ögonen på smygande rovdjur.

He heard bodies crash through brush and sounds made in the night.

Han hörde kroppar krascha genom buskage och ljud som gjordes i natten.

Lying on the Yukon bank, blinking, Buck dreamed by the fire.

Liggande på Yukons strand, blinkande, drömde Buck vid elden.

The sights and sounds of that wild world made his hair stand up.

Synerna och ljuden från den vilda världen fick honom att resa sig på håret.

The fur rose along his back, his shoulders, and up his neck.

Pälsen reste sig längs hans rygg, axlar och upp på hans nacke.

He whimpered softly or gave a low growl deep in his chest.

Han gnällde mjukt eller morrade lågt djupt i bröstet.

Then the half-breed cook shouted, "Hey, you Buck, wake up!"

Sedan ropade halvblodskocken: "Hallå, din Buck, vakna!"

The dream world vanished, and real life returned to Buck's eyes.

Drömvärlden försvann, och det verkliga livet återvände i Bucks ögon.

He was going to get up, stretch, and yawn, as if woken from a nap.

Han skulle gå upp, sträcka på sig och gäspa, som om han hade väckts från en tupplur.

The trip was hard, with the mail sled dragging behind them.

Resan var svår, med postsläden släpande efter dem.

Heavy loads and tough work wore down the dogs each long day.

Tunga bördor och hårt arbete slet ut hundarna varje lång dag.

They reached Dawson thin, tired, and needing over a week's rest.

De anlände till Dawson tunna, trötta och i behov av över en veckas vila.

But only two days later, they set out down the Yukon again.

Men bara två dagar senare gav de sig ut nerför Yukonfloden igen.

They were loaded with more letters bound for the outside world.

De var lastade med fler brev på väg till omvärlden.

The dogs were exhausted and the men were complaining constantly.

Hundarna var utmattade och männen klagade ständigt.

Snow fell every day, softening the trail and slowing the sleds.

Snö föll varje dag, vilket mjukade upp leden och saktade ner slädarna.

This made for harder pulling and more drag on the runners.

Detta gjorde att löparna drog hårdare och fick mer motstånd.

Despite that, the drivers were fair and cared for their teams.

Trots det var förarna rättvisa och brydde sig om sina team.

Each night, the dogs were fed before the men got to eat.

Varje kväll matades hundarna innan männen fick äta.

No man slept before checking the feet of his own dog's.

Ingen människa sov innan hon kontrollerat sin egen hunds fötter.

Still, the dogs grew weaker as the miles wore on their bodies.

Ändå blev hundarna svagare allt eftersom milen gick på deras kroppar.

They had traveled eighteen hundred miles through the winter.

De hade rest artonhundra mil under vintern.

They pulled sleds across every mile of that brutal distance.

De drog slädar över varenda mil av den brutala sträckan.

Even the toughest sled dogs feel strain after so many miles.

Även de tuffaste slädhundarna känner ansträngning efter så många mil.

Buck held on, kept his team working, and maintained discipline.

Buck höll ut, höll sitt lag igång och upprätthöll disciplinen.

But Buck was tired, just like the others on the long journey.

Men Buck var trött, precis som de andra på den långa resan.

Billee whimpered and cried in his sleep each night without fail.

Billee gnällde och grät i sömnen varje natt utan att misslyckas.

Joe grew even more bitter, and Solleks stayed cold and distant.

Joe blev ännu mer bitter, och Solleks förblev kall och distanserad.

But it was Dave who suffered the worst out of the entire team.

Men det var Dave som drabbades värst av hela laget.

Something had gone wrong inside him, though no one knew what.

Något hade gått fel inom honom, fast ingen visste vad.

He became moodier and snapped at others with growing anger.

Han blev mer humörig och fräste åt andra med växande ilska.

Each night he went straight to his nest, waiting to be fed.

Varje natt gick han direkt till sitt bo och väntade på att få mat.

Once he was down, Dave did not get up again till morning.

När han väl var nere, gick Dave inte upp igen förrän på morgonen.

On the reins, sudden jerks or starts made him cry out in pain.

I tyglarna fick plötsliga ryck eller starter honom att skrika av smärta.

His driver searched for the cause, but found no injury on him.

Hans förare sökte efter orsaken, men fann inga skador på honom.

All the drivers began watching Dave and discussed his case.

Alla förarna började titta på Dave och diskuterade hans fall.

They talked at meals and during their final smoke of the day.

De pratade vid måltiderna och under sin sista rökning för dagen.

One night they held a meeting and brought Dave to the fire.

En kväll höll de ett möte och förde Dave till elden.

They pressed and probed his body, and he cried out often.

De tryckte och undersökte hans kropp, och han grät ofta.

Clearly, something was wrong, though no bones seemed broken.

Något var uppenbarligen fel, även om inga ben verkade brutna.

By the time they reached Cassiar Bar, Dave was falling down.

När de kom fram till Cassiar Bar höll Dave på att falla omkull.

The Scotch half-breed called a halt and removed Dave from the team.

Den skotske halvblodet lade stopp och tog bort Dave från laget.

He fastened Solleks in Dave's place, closest to the sled's front.

Han fäste Solleks på Daves plats, närmast skoterns framdel.

He meant to let Dave rest and run free behind the moving sled.

Han tänkte låta Dave vila och springa fritt bakom den rörliga släden.

But even sick, Dave hated being taken from the job he had owned.

Men även när han var sjuk hatade Dave att bli tagen från jobbet han hade haft.

He growled and whimpered as the reins were pulled from his body.

Han morrade och gnällde när tyglarna drogs från hans kropp.

When he saw Solleks in his place, he cried with broken-hearted pain.

När han såg Solleks i sin plats grät han av förkrossad smärta.

The pride of trail work was deep in Dave, even as death approached.

Stoltheten över ledarbetet var djupt inom Dave, även när döden närmade sig.

As the sled moved, Dave floundered through soft snow near the trail.

Medan släden rörde sig, famlade Dave genom den mjuka snön nära leden.

He attacked Solleks, biting and pushing him from the sled's side.

Han attackerade Solleks, bet och knuffade honom från slädens sida.

Dave tried to leap into the harness and reclaim his working spot.

Dave försökte hoppa in i selen och återta sin arbetsplats.

He yelped, whined, and cried, torn between pain and pride in labor.

Han skrek, gnällde och grät, sliten mellan smärta och stolthet över arbetet.

The half-breed used his whip to try driving Dave away from the team.

Halvblodet använde sin piska för att försöka driva bort Dave från laget.

But Dave ignored the lash, and the man couldn't strike him harder.

Men Dave ignorerade piskslaget, och mannen kunde inte slå honom hårdare.

Dave refused the easier path behind the sled, where snow was packed.

Dave vägrade att ta den enklare vägen bakom släden, där snön var packad.

Instead, he struggled in the deep snow beside the trail, in misery.

Istället kämpade han i den djupa snön bredvid leden, i elände.

Eventually, Dave collapsed, lying in the snow and howling in pain.

Så småningom kollapsade Dave, liggandes i snön och ylande av smärta.

He cried out as the long train of sleds passed him one by one.

Han ropade till när det långa tåget av slädar passerade honom en efter en.

Still, with what strength remained, he rose and stumbled after them.

Ändå, med den styrka som fanns kvar, reste han sig och stapplade efter dem.

He caught up when the train stopped again and found his old sled.

Han hann ikapp när tåget stannade igen och hittade sin gamla släde.

He floundered past the other teams and stood beside Solleks again.

Han famlade förbi de andra lagen och stod bredvid Solleks igen.

As the driver paused to light his pipe, Dave took his last chance.

När föraren stannade för att tända sin pipa tog Dave sin sista chans.

When the driver returned and shouted, the team didn't move forward.

När föraren återvände och ropade, fortsatte teamet inte framåt.

The dogs had turned their heads, confused by the sudden stoppage.

Hundarna hade vridit på huvudet, förvirrade av det plötsliga stoppet.

The driver was shocked too — the sled hadn't moved an inch forward.

Föraren blev också chockad – släden hade inte rört sig en centimeter framåt.

He called out to the others to come and see what had happened.

Han ropade på de andra att de skulle komma och se vad som hade hänt.

Dave had chewed through Solleks's reins, breaking both apart.

Dave hade tuggat igenom Solleks tyglar och brutit isär båda.

Now he stood in front of the sled, back in his rightful position.

Nu stod han framför släden, tillbaka på sin rättmätiga plats.

Dave looked up at the driver, silently pleading to stay in the traces.

Dave tittade upp på föraren och bönföll tyst att få hålla sig i spåren.

The driver was puzzled, unsure of what to do for the
struggling dog.

Föraren var förbryllad och osäker på vad han skulle göra med
den kämpande hunden.

The other men spoke of dogs who had died from being
taken out.

De andra männen talade om hundar som hade dött av att bli
uttagna.

They told of old or injured dogs whose hearts broke when
left behind.

De berättade om gamla eller skadade hundar vars hjärtan
krossades när de lämnades kvar.

They agreed it was mercy to let Dave die while still in his
harness.

De var överens om att det var barmhärtighet att låta Dave dö
medan han fortfarande var i sin sele.

He was fastened back onto the sled, and Dave pulled with
pride.

Han var fastspänd på släden igen, och Dave drog med
stolthet.

Though he cried out at times, he worked as if pain could be
ignored.

Även om han grät ibland, arbetade han som om smärta kunde
ignoreras.

More than once he fell and was dragged before rising again.

Mer än en gång föll han och släpades med innan han reste sig
igen.

Once, the sled rolled over him, and he limped from that
moment on.

En gång rullade släden över honom, och han haltade från det
ögonblicket.

Still, he worked until camp was reached, and then lay by the
fire.

Ändå arbetade han tills han nådde lägret, och låg sedan vid
elden.

By morning, Dave was too weak to travel or even stand
upright.

På morgonen var Dave för svag för att resa eller ens stå upprätt.

At harness-up time, he tried to reach his driver with trembling effort.

Vid tiden för fastspänning försökte han med darrande ansträngning nå sin kusk.

He forced himself up, staggered, and collapsed onto the snowy ground.

Han tvingade sig upp, vacklade och kollapsade ner på den snötäckta marken.

Using his front legs, he dragged his body toward the harnessing area.

Med hjälp av frambenen drog han sin kropp mot seleområdet.

He hitched himself forward, inch by inch, toward the working dogs.

Han hakade framåt, centimeter för centimeter, mot arbetshundarna.

His strength gave out, but he kept moving in his last desperate push.

Hans styrkor tog slut, men han fortsatte i sin sista desperata ryck.

His teammates saw him gasping in the snow, still longing to join them.

Hans lagkamrater såg honom kippande efter andan i snön, fortfarande längtande efter att få göra dem sällskap.

They heard him howling with sorrow as they left the camp behind.

De hörde honom yla av sorg när de lämnade lägret.

As the team vanished into trees, Dave's cry echoed behind them.

När teamet försvann in i träden ekade Daves rop bakom dem.

The sled train halted briefly after crossing a stretch of river timber.

Slädtåget stannade kort efter att ha korsat en sträcka av flodskog.

The Scotch half-breed walked slowly back toward the camp behind.

Den skotska halvblodet gick långsamt tillbaka mot lägret bakom.

The men stopped speaking when they saw him leave the sled train.

Männen slutade tala när de såg honom lämna slädtåget.

Then a single gunshot rang out clear and sharp across the trail.

Sedan ljöd ett enda pistolskott klart och skarpt över stigen.

The man returned quickly and took up his place without a word.

Mannen återvände snabbt och intog sin plats utan ett ord.

Whips cracked, bells jingled, and the sleds rolled on through snow.

Piskor sprakade, klockor klirrade och slädarna rullade vidare genom snön.

But Buck knew what had happened — and so did every other dog.

Men Buck visste vad som hade hänt – och det gjorde även alla andra hundar.

The Toil of Reins and Trail
Tyglarnas och spårets möda

Thirty days after leaving Dawson, the Salt Water Mail reached Skaguay.

Trettio dagar efter att ha lämnat Dawson nådde Salt Water Mail Skaguay.

Buck and his teammates pulled the lead, arriving in pitiful condition.

Buck och hans lagkamrater tog ledningen och anlände i ynkligt skick.

Buck had dropped from one hundred forty to one hundred fifteen pounds.

Buck hade gått ner från hundra fyrtio till hundra femton pund.

The other dogs, though smaller, had lost even more body weight.

De andra hundarna, även om de var mindre, hade gått ner ännu mer i vikt.

Pike, once a fake limper, now dragged a truly injured leg behind him.

Pike, en gång en falsk haltare, släpade nu ett rejält skadat ben efter sig.

Solleks was limping badly, and Dub had a wrenched shoulder blade.

Solleks haltade svårt, och Dub hade en vriden skulderblad.

Every dog in the team was footsore from weeks on the frozen trail.

Varje hund i spannet hade ont i fötterna efter veckor på den frusna leden.

They had no spring left in their steps, only slow, dragging motion.

De hade ingen fjädring kvar i sina steg, bara långsamma, släpande rörelser.

Their feet hit the trail hard, each step adding more strain to their bodies.

Deras fötter träffade stigen hårt, och varje steg ökade belastningen på deras kroppar.

They were not sick, only drained beyond all natural recovery.

De var inte sjuka, bara uttömda till oförmåga att återhämta sig på naturlig väg.

This was not tiredness from one hard day, cured with a night's rest.

Detta var inte trötthet från en hård dag, botad med en natts vila.

It was exhaustion built slowly through months of grueling effort.

Det var en utmattning som långsamt byggdes upp genom månader av slitsam ansträngning.

No reserve strength remained—they had used up every bit they had.

Ingen reservstyrka fanns kvar – de hade förbrukat varenda krona de hade.

Every muscle, fiber, and cell in their bodies was spent and worn.

Varje muskel, fiber och cell i deras kroppar var uttömd och sliten.

And there was a reason—they had covered twenty-five hundred miles.

Och det fanns en anledning – de hade tillryggalagt tjugofemhundra mil.

They had rested only five days during the last eighteen hundred miles.

De hade bara vilat fem dagar under de sista artonhundra milen.

When they reached Skaguay, they looked barely able to stand upright.

När de nådde Skaguay såg det ut som om de knappt kunde stå upprätta.

They struggled to keep the reins tight and stay ahead of the sled.

De kämpade för att hålla tyglarna spända och ligga steget före släden.

On downhill slopes, they only managed to avoid being run over.

I nedförsbackar lyckades de bara undvika att bli överkörda.

"March on, poor sore feet," the driver said as they limped along.

"Marschera på, stackars ömma fötter", sa kusken medan de haltade fram.

"This is the last stretch, then we all get one long rest, for sure."

"Det här är sista sträckan, sedan får vi alla en lång vila, helt klart."

"One truly long rest," he promised, watching them stagger forward.

"En riktigt lång vila", lovade han och såg dem stappla framåt.

The drivers expected they were going to now get a long, needed break.

Förarna förväntade sig att de nu skulle få en lång, välbehövlig paus.

They had traveled twelve hundred miles with only two days' rest.

De hade rest tolvhundra mil med bara två dagars vila.

By fairness and reason, they felt they had earned time to relax.

Av rättvisa och förnuftiga skäl kände de att de hade förtjänat tid att koppla av.

But too many had come to the Klondike, and too few had stayed home.

Men för många hade kommit till Klondike, och för få hade stannat hemma.

Letters from families flooded in, creating piles of delayed mail.

Brev från familjer strömmade in, vilket skapade högar av försenad post.

Official orders arrived—new Hudson Bay dogs were going to take over.

Officiella order anlände – nya hundar från Hudson Bay skulle ta över.

The exhausted dogs, now called worthless, were to be disposed of.

De utmattade hundarna, nu kallade värdelösa, skulle göras av med.

Since money mattered more than dogs, they were going to be sold cheaply.

Eftersom pengar var viktigare än hundar, skulle de säljas billigt.

Three more days passed before the dogs felt just how weak they were.

Tre dagar till gick innan hundarna kände hur svaga de var.

On the fourth morning, two men from the States bought the whole team.

På den fjärde morgonen köpte två män från staterna hela laget.

The sale included all the dogs, plus their worn harness gear.

Försäljningen omfattade alla hundarna, plus deras begagnade seleutrustning.

The men called each other "Hal" and "Charles" as they completed the deal.

Männen kallade varandra "Hal" och "Charles" när de slutförde affären.

Charles was middle-aged, pale, with limp lips and fierce mustache tips.

Charles var medelålders, blek, med slappa läppar och vildsint mustasch.

Hal was a young man, maybe nineteen, wearing a cartridge-stuffed belt.

Hal var en ung man, kanske nitton, bar ett patronfyllt bälte.

The belt held a big revolver and a hunting knife, both unused.

Bältet innehöll en stor revolver och en jaktkniv, båda oanvända.

It showed how inexperienced and unfit he was for northern life.

Det visade hur oerfaren och olämplig han var för livet i norr.

Neither man belonged in the wild; their presence defied all reason.

Ingen av männen hörde hemma i vildmarken; deras närvaro trotsade allt förnuft.

Buck watched as money exchanged hands between buyer and agent.

Buck tittade på medan pengar utbyttes mellan köpare och mäklare.

He knew the mail-train drivers were leaving his life like the rest.

Han visste att postlokomotivförarna lämnade hans liv som alla andra.

They followed Perrault and François, now gone beyond recall.

De följde Perrault och François, nu bortom all återkallelse.

Buck and the team were led to their new owners' sloppy camp.

Buck och teamet leddes till sina nya ägares slarviga läger.

The tent sagged, dishes were dirty, and everything lay in disarray.

Tältet sänkte sig, disken var smutsig och allt låg i oordning.

Buck noticed a woman there too — Mercedes, Charles's wife and Hal's sister.

Buck lade också märke till en kvinna där – Mercedes, Charles fru och Hals syster.

They made a complete family, though far from suited to the trail.

De utgjorde en komplett familj, men långt ifrån lämpade för leden.

Buck watched nervously as the trio started packing the supplies.

Buck tittade nervöst på medan trion började packa förnödenheterna.

They worked hard but without order — just fuss and wasted effort.

De arbetade hårt men utan ordning – bara ståhej och bortkastad ansträngning.

The tent was rolled into a bulky shape, far too large for the sled.

Tältet var rullat ihop till en klumpig form, alldeles för stort för släden.

Dirty dishes were packed without being cleaned or dried at all.

Smutsig disk packades utan att ha rengjorts eller torkats alls.

Mercedes fluttered about, constantly talking, correcting, and meddling.

Mercedes fladdrade omkring, pratade, rättade och lade sig ständigt.

When a sack was placed on front, she insisted it go on the back.

När en säck placerades på framsidan insisterade hon på att den skulle placeras på baksidan.

She packed the sack in the bottom, and the next moment she needed it.

Hon packade säcken i botten, och i nästa ögonblick behövde hon den.

So the sled was unpacked again to reach the one specific bag.

Så packades släden upp igen för att nå den enda specifika väskan.

Nearby, three men stood outside a tent, watching the scene unfold.

I närheten stod tre män utanför ett tält och såg händelsen utspela sig.

They smiled, winked, and grinned at the newcomers' obvious confusion.

De log, blinkade och flinade åt nykomlingarnas uppenbara förvirring.

"You've got a right heavy load already," said one of the men.

"Du har redan en riktigt tung börda", sa en av männen.

"I don't think you should carry that tent, but it's your choice."

"Jag tycker inte att du ska bära det där tältet, men det är ditt val."

"Undreamed of!" cried Mercedes, throwing up her hands in despair.

"Odrömt!" ropade Mercedes och slog upp händerna i förtvivlan.

"How could I possibly travel without a tent to stay under?"

"Hur skulle jag kunna resa utan ett tält att bo i?"

"It's springtime—you won't see cold weather again," the man replied.

"Det är vår – du kommer inte att se kallt väder igen", svarade mannen.

But she shook her head, and they kept piling items onto the sled.

Men hon skakade på huvudet, och de fortsatte att stapla saker på släden.

The load towered dangerously high as they added the final things.

Bården tornade upp sig farligt högt när de lade till de sista sakerna.

"Think the sled will ride?" asked one of the men with a skeptical look.

"Tror du att släden kommer att gå?" frågade en av männen med en skeptisk blick.

"Why shouldn't it?" Charles snapped back with sharp annoyance.

"Varför skulle det inte?" fräste Charles tillbaka med skarp irritation.

"Oh, that's all right," the man said quickly, backing away from offense.

"Åh, det är okej", sa mannen snabbt och backade undan för att bli förolämpad.

"I was only wondering—it just looked a bit too top-heavy to me."

"Jag bara undrade – den såg bara lite för tung ut på toppen för mig."

Charles turned away and tied down the load as best as he could.

Charles vände sig bort och band fast lasten så gott han kunde.

But the lashings were loose and the packing poorly done overall.

Men surrningarna var lösa och packningen dåligt utförd överlag.

"Sure, the dogs will pull that all day," another man said sarcastically.

"Visst, hundarna kommer att dra på det där hela dagen", sa en annan man sarkastiskt.

"Of course," Hal replied coldly, grabbing the sled's long gee-pole.

"Självklart", svarade Hal kallt och grep tag i slädens långa gee-stång.

With one hand on the pole, he swung the whip in the other.

Med ena handen på stången svingade han piskan i den andra.

"Let's go!" he shouted. "Move it!" urging the dogs to start.

"Kom igen!" ropade han. "Flytta på dig!" och manade hundarna att sätta igång.

The dogs leaned into the harness and strained for a few moments.

Hundarna lutade sig in i selen och ansträngde sig i några ögonblick.

Then they stopped, unable to budge the overloaded sled an inch.

Sedan stannade de, oförmögna att röra den överlastade släden en centimeter.

"The lazy brutes!" Hal yelled, lifting the whip to strike them.

"De lata odjuren!" skrek Hal och lyfte piskan för att slå dem.

But Mercedes rushed in and seized the whip from Hal's hands.

Men Mercedes rusade in och tog piskan ur Hals händer.

"Oh, Hal, don't you dare hurt them," she cried in alarm.

"Åh, Hal, våga inte skada dem", ropade hon förskräckt.

"Promise me you'll be kind to them, or I won't go another step."

"Lova mig att du ska vara snäll mot dem, annars går jag inte ett steg längre."

"You don't know a thing about dogs," Hal snapped at his sister.

"Du vet ingenting om hundar", fräste Hal åt sin syster.

"They're lazy, and the only way to move them is to whip them."

"De är lata, och det enda sättet att flytta dem är att piska dem."

"Ask anyone—ask one of those men over there if you doubt me."

"Fråga vem som helst – fråga någon av de där männen där borta om du tvivlar på mig."

Mercedes looked at the onlookers with pleading, tearful eyes.

Mercedes tittade på åskådarna med bedjande, tårfyllda ögon.

Her face showed how deeply she hated the sight of any pain.

Hennes ansikte visade hur djupt hon avskydde synen av all smärta.

"They're weak, that's all," one man said. "They're worn out."

"De är svaga, det är allt", sa en man. "De är utmattade."

"They need rest—they've been worked too long without a break."

"De behöver vila – de har arbetat för länge utan paus."

"Rest be cursed," Hal muttered with his lip curled.

"Må resten vara förbannad", muttrade Hal med krökt läpp.

Mercedes gasped, clearly pained by the coarse word from him.

Mercedes kippade efter andan, tydligt smärtad av hans grova ord.

Still, she stayed loyal and instantly defended her brother.

Ändå förblev hon lojal och försvarade omedelbart sin bror.

"Don't mind that man," she said to Hal. "They're our dogs."

"Bry dig inte om den mannen", sa hon till Hal. "De är våra hundar."

"You drive them as you see fit—do what you think is right."
"Du kör dem som du tycker passar – gör vad du anser vara rätt."
Hal raised the whip and struck the dogs again without mercy.
Hal höjde piskan och slog hundarna igen utan nåd.
They lunged forward, bodies low, feet pushing into the snow.
De kastade sig framåt, med kropparna lågt nedböjda och fötterna nedtryckta i snön.
All their strength went into the pull, but the sled wasn't moving.
All deras kraft gick åt till att dra, men släden rörde sig inte.
The sled stayed stuck, like an anchor frozen into the packed snow.
Kälken satt fast, som ett ankare som frusit fast i den packade snön.
After a second effort, the dogs stopped again, panting hard.
Efter en andra ansträngning stannade hundarna igen, flåsande häftigt.
Hal raised the whip once more, just as Mercedes interfered again.
Hal höjde piskan ännu en gång, just som Mercedes ingrep igen.
She dropped to her knees in front of Buck and hugged his neck.
Hon föll ner på knä framför Buck och kramade hans hals.
Tears filled her eyes as she pleaded with the exhausted dog.
Tårar fyllde hennes ögon när hon vädjade till den utmattade hunden.
"You poor dears," she said, "why don't you just pull harder?"
"Ni stackars kära", sa hon, "varför drar ni inte bara hårdare?"
"If you pull, then you won't get to be whipped like this."
"Om du drar, så slipper du bli piskad så här."
Buck disliked Mercedes, but he was too tired to resist her now.

Buck ogillade Mercedes, men han var för trött för att göra motstånd mot henne nu.

He accepted her tears as just another part of the miserable day.

Han accepterade hennes tårar som bara ytterligare en del av den eländiga dagen.

One of the watching men finally spoke after holding back his anger.

En av männen som tittade på talade äntligen efter att ha hållit tillbaka sin ilska.

"I don't care what happens to you folks, but those dogs matter."

"Jag bryr mig inte om vad som händer med er, men de där hundarna spelar roll."

"If you want to help, break that sled loose — it's frozen to the snow."

"Om du vill hjälpa till, bryt loss den där släden – den är fastfrusen."

"Push hard on the gee-pole, right and left, and break the ice seal."

"Tryck hårt på isstången, till höger och vänster, och bryt istätningen."

A third attempt was made, this time following the man's suggestion.

Ett tredje försök gjordes, den här gången efter mannens förslag.

Hal rocked the sled from side to side, breaking the runners loose.

Hal gungade släden från sida till sida och lossade medarna.

The sled, though overloaded and awkward, finally lurched forward.

Kälken, fastän överlastad och otymplig, ryckte slutligen framåt.

Buck and the others pulled wildly, driven by a storm of whiplashes.

Buck och de andra drog vilt, drivna av en storm av pisksnärtskor.

A hundred yards ahead, the trail curved and sloped into the street.

Hundra meter framåt slingrade sig stigen och sluttade ner i gatan.

It was going to have taken a skilled driver to keep the sled upright.

Det skulle ha krävts en skicklig förare för att hålla släden upprätt.

Hal was not skilled, and the sled tipped as it swung around the bend.

Hal var inte skicklig, och släden tippade när den svängde runt kurvan.

Loose lashings gave way, and half the load spilled onto the snow.

Lösa surrningar gav vika, och hälften av lasten spilldes ut på snön.

The dogs did not stop; the lighter sled flew along on its side.

Hundarna stannade inte; den lättare släden flög fram på sidan.

Angry from abuse and the heavy burden, the dogs ran faster.

Ilska över misshandeln och den tunga bördan sprang hundarna snabbare.

Buck, in fury, broke into a run, with the team following behind.

Buck, i raseri, började springa, med spannet efter.

Hal shouted "Whoa! Whoa!" but the team paid no attention to him.

Hal ropade "Whoa! Whoa!" men teamet brydde sig inte om honom.

He tripped, fell, and was dragged along the ground by the harness.

Han snubblade, föll och släpades längs marken i selen.

The overturned sled bumped over him as the dogs raced on ahead.

Den omkullvälta släden stötte över honom medan hundarna rusade vidare.

The rest of the supplies scattered across Skaguay's busy street.

Resten av förnödenheterna spreds över Skaguays livliga gata.

Kind-hearted people rushed to stop the dogs and gather the gear.

Vänliga människor skyndade sig för att stoppa hundarna och samla ihop utrustningen.

They also gave advice, blunt and practical, to the new travelers.

De gav också råd, raka och praktiska, till de nya resenärerna.

"If you want to reach Dawson, take half the load and double the dogs."

"Om du vill nå Dawson, ta halva lasten och dubbla antalet hundar."

Hal, Charles, and Mercedes listened, though not with enthusiasm.

Hal, Charles och Mercedes lyssnade, men inte med entusiasm.

They pitched their tent and started sorting through their supplies.

De slog upp sitt tält och började sortera sina förnödenheter.

Out came canned goods, which made onlookers laugh aloud.

Ut kom konserver, vilket fick åskådarna att skratta högt.

"Canned stuff on the trail? You'll starve before that melts," one said.

"Konserver på leden? Du kommer att svälta innan det smälter", sa en av dem.

"Hotel blankets? You're better off throwing them all out."

"Hotellfiltar? Det är bättre att slänga ut dem alla."

"Ditch the tent, too, and no one washes dishes here."

"Släng tältet också, så diskar ingen här."

"You think you're riding a Pullman train with servants on board?"

"Tror du att du åker Pullman-tåg med tjänare ombord?"

The process began—every useless item was tossed to the side.

Processen började – varje onödigt föremål kastades åt sidan.

Mercedes cried when her bags were emptied onto the snowy ground.

Mercedes grät när hennes väskor tömdes på den snötäckta marken.

She sobbed over every item thrown out, one by one without pause.

Hon snyftade över varje föremål som kastades ut, ett efter ett, utan uppehåll.

She vowed not to go one more step—not even for ten Charleses.

Hon svor att inte gå ett steg till – inte ens för tio karlar.

She begged each person nearby to let her keep her precious things.

Hon bad alla i närheten att låta henne behålla sina dyrbara saker.

At last, she wiped her eyes and began tossing even vital clothes.

Till slut torkade hon sig om ögonen och började slänga även viktiga kläder.

When done with her own, she began emptying the men's supplies.

När hon var klar med sina egna började hon tömma männens förnödenheter.

Like a whirlwind, she tore through Charles and Hal's belongings.

Som en virvelvind slet hon sig igenom Charles och Hals tillhörigheter.

Though the load was halved, it was still far heavier than needed.

Även om lasten halverades var den fortfarande mycket tyngre än vad som behövdes.

That night, Charles and Hal went out and bought six new dogs.

Den kvällen gick Charles och Hal ut och köpte sex nya hundar.

These new dogs joined the original six, plus Teek and Koona.

Dessa nya hundar anslöt sig till de ursprungliga sex, plus Teek och Koona.

Together they made a team of fourteen dogs hitched to the sled.

Tillsammans bildade de ett spann på fjorton hundar spända för släden.

But the new dogs were unfit and poorly trained for sled work.

Men de nya hundarna var olämpliga och dåligt tränade för slädarbete.

Three of the dogs were short-haired pointers, and one was a Newfoundland.

Tre av hundarna var korthåriga pointers, och en var en newfoundland.

The final two dogs were mutts of no clear breed or purpose at all.

De två sista hundarna var muttar utan någon tydlig ras eller syfte alls.

They didn't understand the trail, and they didn't learn it quickly.

De förstod inte leden, och de lärde sig den inte snabbt.

Buck and his mates watched them with scorn and deep irritation.

Buck och hans kamrater iakttog dem med hån och djup irritation.

Though Buck taught them what not to do, he could not teach duty.

Även om Buck lärde dem vad de inte skulle göra, kunde han inte lära dem plikt.

They didn't take well to trail life or the pull of reins and sleds.

De trivdes inte med livet på spåren eller dragandet i tyglar och slädar.

Only the mongrels tried to adapt, and even they lacked fighting spirit.

Endast blandraserna försökte anpassa sig, och även de saknade kampanda.

The other dogs were confused, weakened, and broken by their new life.

De andra hundarna var förvirrade, försvagade och trasiga av sitt nya liv.

With the new dogs clueless and the old ones exhausted, hope was thin.

Med de nya hundarna utan aning och de gamla utmattade var hoppet tunt.

Buck's team had covered twenty-five hundred miles of harsh trail.

Bucks team hade tillryggalagt tjugofemhundra mil av karg stig.

Still, the two men were cheerful and proud of their large dog team.

Ändå var de två männen glada och stolta över sitt stora hundspann.

They thought they were traveling in style, with fourteen dogs hitched.

De tyckte att de reste med stil, med fjorton hundar kopplade.

They had seen sleds leave for Dawson, and others arrive from it.

De hade sett slädar avgå till Dawson, och andra anlända därifrån.

But never had they seen one pulled by as many as fourteen dogs.

Men aldrig hade de sett en dragen av så många som fjorton hundar.

There was a reason such teams were rare in the Arctic wilderness.

Det fanns en anledning till att sådana lag var sällsynta i den arktiska vildmarken.

No sled could carry enough food to feed fourteen dogs for the trip.

Ingen släde kunde bära tillräckligt med mat för att föda fjorton hundar under resan.

But Charles and Hal didn't know that—they had done the math.

Men Charles och Hal visste inte det – de hade räknat ut det.

They penciled out the food: so much per dog, so many days, done.

De skrev ut maten med blyertspenna: så mycket per hund, så många dagar, klart.

Mercedes looked at their figures and nodded as if it made sense.

Mercedes tittade på deras siffror och nickade som om det lät logiskt.

It all seemed very simple to her, at least on paper.

Allt verkade väldigt enkelt för henne, åtminstone på papperet.

The next morning, Buck led the team slowly up the snowy street.

Nästa morgon ledde Buck teamet långsamt uppför den snötäckta gatan.

There was no energy or spirit in him or the dogs behind him.

Det fanns ingen energi eller anda i honom eller hundarna bakom honom.

They were dead tired from the start—there was no reserve left.

De var dödströtta från början – det fanns ingen reserv kvar.

Buck had made four trips between Salt Water and Dawson already.

Buck hade redan gjort fyra resor mellan Salt Water och Dawson.

Now, faced with the same trail again, he felt nothing but bitterness.

Nu, inför samma spår igen, kände han inget annat än bitterhet.

His heart was not in it, nor were the hearts of the other dogs.

Hans hjärta var inte med i det, och inte heller de andra hundarnas hjärtan.

The new dogs were timid, and the huskies lacked all trust.

De nya hundarna var blyga, och huskyerna saknade all förtroende.

Buck sensed he could not rely on these two men or their sister.

Buck kände att han inte kunde lita på dessa två män eller deras syster.

They knew nothing and showed no signs of learning on the trail.

De visste ingenting och visade inga tecken på att ha lärt sig under resans gång.

They were disorganized and lacked any sense of discipline.

De var oorganiserade och saknade all disciplin.

It took them half the night to set up a sloppy camp each time.

Det tog dem halva natten att slå upp ett slarvigt läger varje gång.

And half the next morning they spent fumbling with the sled again.

Och halva nästa morgon tillbringade de med att fumla med släden igen.

By noon, they often stopped just to fix the uneven load.

Vid middagstid stannade de ofta bara för att laga den ojämna lasten.

On some days, they traveled less than ten miles in total.

Vissa dagar reste de mindre än tio mil totalt.

Other days, they didn't manage to leave camp at all.

Andra dagar lyckades de inte lämna lägret alls.

They never came close to covering the planned food-distance.

De kom aldrig i närheten av att täcka den planerade matdistansen.

As expected, they ran short on food for the dogs very quickly.

Som väntat fick de snabbt ont om mat till hundarna.

They made matters worse by overfeeding in the early days.

De förvärrade saken genom att övermata dem i början.

This brought starvation closer with every careless ration.

Detta förde svälten närmare med varje slarvig ranson.

The new dogs had not learned to survive on very little.

De nya hundarna hade inte lärt sig att överleva på särskilt lite.

They ate hungrily, with appetites too large for the trail.

De åt hungrigt, med aptit för stor för leden.

Seeing the dogs weaken, Hal believed the food wasn't enough.

När Hal såg hundarna försvagas trodde han att maten inte räckte till.

He doubled the rations, making the mistake even worse.

Han fördubblade ransonerna, vilket gjorde misstaget ännu värre.

Mercedes added to the problem with tears and soft pleading.

Mercedes förvärrade problemet med tårar och mjuka vädjanden.

When she couldn't convince Hal, she fed the dogs in secret.

När hon inte kunde övertyga Hal, matade hon hundarna i hemlighet.

She stole from the fish sacks and gave it to them behind his back.

Hon stal från fisksäckarna och gav det till dem bakom hans rygg.

But what the dogs truly needed wasn't more food — it was rest.

Men vad hundarna verkligen behövde var inte mer mat – det var vila.

They were making poor time, but the heavy sled still dragged on.

De hade dålig tid, men den tunga släden släpade sig fortfarande framåt.

That weight alone drained their remaining strength each day.

Bara den vikten tömde deras återstående styrka varje dag.

Then came the stage of underfeeding as the supplies ran low.

Sedan kom stadiet av undernäring när tillgångarna började ta slut.

Hal realized one morning that half the dog food was already gone.

Hal insåg en morgon att hälften av hundmaten redan var slut.

They had only traveled a quarter of the total trail distance.

De hade bara tillryggalagt en fjärdedel av den totala sträckan.

No more food could be bought, no matter what price was offered.

Ingen mer mat kunde köpas, oavsett vilket pris som erbjöds.

He reduced the dogs' portions below the standard daily ration.

Han minskade hundarnas portioner under den vanliga dagliga ransonen.

At the same time, he demanded longer travel to make up for loss.

Samtidigt krävde han längre resor för att kompensera för förlusten.

Mercedes and Charles supported this plan, but failed in execution.

Mercedes och Charles stödde denna plan, men misslyckades med genomförandet.

Their heavy sled and lack of skill made progress nearly impossible.

Deras tunga släde och brist på skicklighet gjorde framsteg nästan omöjliga.

It was easy to give less food, but impossible to force more effort.

Det var lätt att ge mindre mat, men omöjligt att tvinga fram mer ansträngning.

They couldn't start early, nor could they travel for extra hours.

De kunde inte börja tidigt, och de kunde inte heller resa i extra timmar.

They didn't know how to work the dogs, nor themselves, for that matter.

De visste inte hur man skulle arbeta med hundarna, och inte heller sig själva för den delen.

The first dog to die was Dub, the unlucky but hardworking thief.

Den första hunden som dog var Dub, den olycklige men hårt arbetande tjuven.

Though often punished, Dub had pulled his weight without complaint.

Även om Dub ofta blev straffad, hade han klarat sitt strå utan att klaga.

His injured shoulder grew worse without care or needed rest.

Hans skadade axel förvärrades utan vård eller behövde vila.

Finally, Hal used the revolver to end Dub's suffering.

Slutligen använde Hal revolvern för att få slut på Dubs lidande.

A common saying claimed that normal dogs die on husky rations.

Ett vanligt talesätt hävdade att vanliga hundar dör på huskyransoner.

Buck's six new companions had only half the husky's share of food.

Bucks sex nya följeslagare fick bara hälften av huskyens andel av mat.

The Newfoundland died first, then the three short-haired pointers.

Newfoundländaren dog först, sedan de tre korthåriga pointerarna.

The two mongrels held on longer but finally perished like the rest.

De två blandraserna höll ut längre men omkom slutligen liksom de andra.

By this time, all the amenities and gentleness of the Southland were gone.

Vid det här laget var alla bekvämligheter och den vänliga atmosfären i Southland borta.

The three people had shed the last traces of their civilized upbringing.

De tre personerna hade lagt de sista spåren av sin civiliserade uppväxt ifrån sig.

Stripped of glamour and romance, Arctic travel became brutally real.

Utan glamour och romantik blev resor i Arktis brutalt verkliga.

It was a reality too harsh for their sense of manhood and womanhood.

Det var en verklighet som var alltför hård för deras känsla av manlighet och kvinnlighet.

Mercedes no longer wept for the dogs, but now wept only for herself.

Mercedes grät inte längre över hundarna, utan grät nu bara över sig själv.

She spent her time crying and quarreling with Hal and Charles.

Hon tillbringade sin tid med att gråta och gräla med Hal och Charles.

Quarreling was the one thing they were never too tired to do.

Att gräla var det enda de aldrig var för trötta för att göra.

Their irritability came from misery, grew with it, and surpassed it.

Deras irritabilitet kom från eländet, växte med det och överträffade det.

The patience of the trail, known to those who toil and suffer kindly, never came.

Tålamodet på stigen, känt för dem som sliter och lider vänligt, kom aldrig.

That patience, which keeps speech sweet through pain, was unknown to them.

Det tålamod, som håller talet sött trots smärta, var okänt för dem.

They had no hint of patience, no strength drawn from suffering with grace.

De hade ingen tillstymmelse till tålamod, ingen styrka hämtad från lidande med nåd.

They were stiff with pain—aching in their muscles, bones, and hearts.

De var stela av smärta – värkande i muskler, ben och hjärtan.

Because of this, they grew sharp of tongue and quick with harsh words.

På grund av detta blev de skarpa i tungan och snabba med hårda ord.

Each day began and ended with angry voices and bitter complaints.

Varje dag började och slutade med ilskna röster och bittra klagomål.

Charles and Hal wrangled whenever Mercedes gave them a chance.

Charles och Hal bråkade närhelst Mercedes gav dem en chans.

Each man believed he did more than his fair share of the work.

Varje man trodde att han gjorde mer än sin rättmätiga del av arbetet.

Neither ever missed a chance to say so, again and again.

Ingen av dem missade någonsin en chans att säga det, om och om igen.

Sometimes Mercedes sided with Charles, sometimes with Hal.

Ibland ställde Mercedes sig på Charles sida, ibland på Hals sida.

This led to a grand and endless quarrel among the three.

Detta ledde till ett storslaget och oändligt gräl mellan de tre.

A dispute over who should chop firewood grew out of control.

En tvist om vem som skulle hugga ved växte överstyr.

Soon, fathers, mothers, cousins, and dead relatives were named.

Snart namngavs fäder, mödrar, kusiner och avlidna släktingar.

Hal's views on art or his uncle's plays became part of the fight.

Hals åsikter om konst eller hans farbrors pjäser blev en del av kampen.

Charles's political beliefs also entered the debate.

Charles politiska övertygelser kom också in i debatten.

To Mercedes, even her husband's sister's gossip seemed relevant.
För Mercedes verkade till och med hennes mans systers skvaller relevanta.

She aired opinions on that and on many of Charles's family's flaws.
Hon luftade åsikter om det och om många av Charles familjs brister.

While they argued, the fire stayed unlit and camp half set.
Medan de grälade förblev elden släckt och lägret halvfärdigt.

Meanwhile, the dogs remained cold and without any food.
Under tiden förblev hundarna kalla och utan mat.

Mercedes held a grievance she considered deeply personal.
Mercedes hade ett klagomål som hon ansåg vara djupt personligt.

She felt mistreated as a woman, denied her gentle privileges.
Hon kände sig illa behandlad som kvinna, nekad sina vänliga privilegier.

She was pretty and soft, and used to chivalry all her life.
Hon var vacker och mjuk, och van vid ridderlighet hela sitt liv.

But her husband and brother now treated her with impatience.
Men hennes man och bror behandlade henne nu med otålighet.

Her habit was to act helpless, and they began to complain.
Hennes vana var att bete sig hjälplös, och de började klaga.

Offended by this, she made their lives all the more difficult.
Kränkt av detta gjorde hon deras liv ännu svårare.

She ignored the dogs and insisted on riding the sled herself.
Hon ignorerade hundarna och insisterade på att åka släde själv.

Though light in looks, she weighed one hundred twenty pounds.
Även om hon var lätt till utseendet vägde hon 45 kilo.

That added burden was too much for the starving, weak dogs.

Den extra bördan var för mycket för de svältande, svaga hundarna.

Still, she rode for days, until the dogs collapsed in the reins.

Ändå red hon i dagar, tills hundarna kollapsade i tyglarna.

The sled stood still, and Charles and Hal begged her to walk.

Släden stod stilla, och Charles och Hal bad henne att gå.

They pleaded and entreated, but she wept and called them cruel.

De vädjade och bönföll, men hon grät och kallade dem grymma.

On one occasion, they pulled her off the sled with sheer force and anger.

Vid ett tillfälle drog de henne av släden med ren kraft och ilska.

They never tried again after what happened that time.

De försökte aldrig igen efter det som hände den gången.

She went limp like a spoiled child and sat in the snow.

Hon slapp som ett bortskämt barn och satte sig i snön.

They moved on, but she refused to rise or follow behind.

De gick vidare, men hon vägrade att resa sig eller följa efter.

After three miles, they stopped, returned, and carried her back.

Efter tre mil stannade de, återvände och bar henne tillbaka.

They reloaded her onto the sled, again using brute strength.

De lastade henne om på släden, återigen med råstyrka.

In their deep misery, they were callous to the dogs' suffering.

I sin djupa elände var de okänsliga för hundarnas lidande.

Hal believed one must get hardened and forced that belief on others.

Hal trodde att man måste förhärdas och tvingade den tron på andra.

He first tried to preach his philosophy to his sister

Han försökte först predika sin filosofi för sin syster

and then, without success, he preached to his brother-in-law.

och sedan, utan framgång, predikade han för sin svåger.

He had more success with the dogs, but only because he hurt them.

Han hade större framgång med hundarna, men bara för att han skadade dem.

At Five Fingers, the dog food ran out of food completely.

På Five Fingers tog hundmaten slut helt.

A toothless old squaw sold a few pounds of frozen horse-hide

En tandlös gammal squat sålde några kilo fryst hästskinn

Hal traded his revolver for the dried horse-hide.

Hal bytte sin revolver mot det torkade hästskinnet.

The meat had come from starved horses of cattlemen months before.

Köttet hade kommit från svältande hästar eller boskapsuppfödare månader tidigare.

Frozen, the hide was like galvanized iron; tough and inedible.

Fryst var huden som galvaniserat järn; seg och oätlig.

The dogs had to chew endlessly at the hide to eat it.

Hundarna var tvungna att tugga oavbrutet på skinnet för att äta det.

But the leathery strings and short hair were hardly nourishment.

Men de läderartade strängarna och det korta håret var knappast näring.

Most of the hide was irritating, and not food in any true sense.

Det mesta av huden var irriterande, och inte mat i någon egentlig bemärkelse.

And through it all, Buck staggered at the front, like in a nightmare.

Och genom alltihop stapplade Buck framme, som i en mardröm.

He pulled when able; when not, he lay until whip or club raised him.

Han drog när han kunde; när han inte kunde, låg han kvar tills piska eller klubba lyfte honom.

His fine, glossy coat had lost all stiffness and sheen it once had.

Hans fina, glansiga päls hade förlorat all stelhet och glans den en gång haft.

His hair hung limp, draggled, and clotted with dried blood from the blows.

Hans hår hängde slappt, släpigt och koagulerat av torkat blod från slagen.

His muscles shrank to cords, and his flesh pads were all worn away.

Hans muskler krympte till strängar, och hans köttytor var alla slitna bort.

Each rib, each bone showed clearly through folds of wrinkled skin.

Varje revben, varje ben syntes tydligt genom vecken av rynkig hud.

It was heartbreaking, yet Buck's heart could not break.

Det var hjärtskärande, men Bucks hjärta kunde inte krossas.

The man in the red sweater had tested that and proved it long ago.

Mannen i den röda tröjan hade testat det och bevisat det för länge sedan.

As it was with Buck, so it was with all his remaining teammates.

Som det var med Buck, så var det med alla hans återstående lagkamrater.

There were seven in total, each one a walking skeleton of misery.

Det var sju totalt, var och en ett vandrande skelett av elände.

They had grown numb to lash, feeling only distant pain.

De hade blivit avdomnade för att kunna piska och kände bara avlägsen smärta.

Even sight and sound reached them faintly, as through a thick fog.

Till och med syn och ljud nådde dem svagt, som genom en tjock dimma.

They were not half alive—they were bones with dim sparks inside.

De var inte halvt levande – de var ben med svaga gnistor inuti.

When stopped, they collapsed like corpses, their sparks almost gone.

När de stannade kollapsade de som lik, deras gnistor nästan borta.

And when the whip or club struck again, the sparks fluttered weakly.

Och när piskan eller klubban slog till igen, fladdrade gnistorna svagt.

Then they rose, staggered forward, and dragged their limbs ahead.

Sedan reste de sig, stapplade framåt och släpade sina lemmar framåt.

One day kind Billee fell and could no longer rise at all.

En dag föll den snälle Billee och kunde inte längre resa sig alls.

Hal had traded his revolver, so he used an axe to kill Billee instead.

Hal hade bytt bort sin revolver, så han använde en yxa för att döda Billee istället.

He struck him on the head, then cut his body free and dragged it away.

Han slog honom i huvudet, skar sedan loss hans kropp och släpade bort den.

Buck saw this, and so did the others; they knew death was near.

Buck såg detta, och det gjorde även de andra; de visste att döden var nära.

Next day Koona went, leaving just five dogs in the starving team.

Nästa dag åkte Koona och lämnade bara fem hundar i det svältande spannet.

Joe, no longer mean, was too far gone to be aware of much at all.

Joe, inte längre elak, var för långt borta för att vara medveten om särskilt mycket alls.

Pike, no longer faking his injury, was barely conscious.

Pike, som inte längre fejkade sin skada, var knappt medveten.

Solleks, still faithful, mourned he had no strength to give.

Solleks, fortfarande trogen, sörjde att han inte hade någon styrka att ge.

Teek was beaten most because he was fresher, but fading fast.

Teek blev mest slagen för att han var fräschare, men tynade bort snabbt.

And Buck, still in the lead, no longer kept order or enforced it.

Och Buck, fortfarande i ledningen, höll inte längre ordningen eller upprätthöll den.

Half blind with weakness, Buck followed the trail by feel alone.

Halvblind av svaghet följde Buck spåret ensam på känslan.

It was beautiful spring weather, but none of them noticed it.

Det var vackert vårväder, men ingen av dem märkte det.

Each day the sun rose earlier and set later than before.

Varje dag gick solen upp tidigare och ner senare än tidigare.

By three in the morning, dawn had come; twilight lasted till nine.

Vid tre på morgonen hade gryningen kommit; skymningen varade till nio.

The long days were filled with the full blaze of spring sunshine.

De långa dagarna var fyllda av vårsolens fulla strålar.

The ghostly silence of winter had changed into a warm murmur.

Vinterns spöklika tystnad hade förvandlats till ett varmt sorl.

All the land was waking, alive with the joy of living things.

Hela landet vaknade, levande av glädjen över levande varelser.

The sound came from what had lain dead and still through winter.

Ljudet kom från det som hade legat dött och stilla genom vintern.

Now, those things moved again, shaking off the long frost sleep.

Nu rörde sig de där sakerna igen och skakade av sig den långa frostsömnen.

Sap was rising through the dark trunks of the waiting pine trees.

Sav steg upp genom de mörka stammarna på de väntande tallarna.

Willows and aspens burst out bright young buds on each twig.

Pil och aspar slår ut ljusa unga knoppar på varje kvist.

Shrubs and vines put on fresh green as the woods came alive.

Buskar och vinrankor fick frisk grönska när skogen vaknade till liv.

Crickets chirped at night, and bugs crawled in daylight sun.

Syrsor kvittrade på natten, och insekter kröp i dagsljussolen.

Partridges boomed, and woodpeckers knocked deep in the trees.

Rapphöns dundrade, och hackspettar knackade djupt uppe i träden.

Squirrels chattered, birds sang, and geese honked over the dogs.

Ekorrar kvittrade, fåglar sjöng och gäss tutade över hundarna.

The wild-fowl came in sharp wedges, flying up from the south.

Vildfåglarna kom i vassa flockar, flygande upp från söder.

From every hillside came the music of hidden, rushing streams.

Från varje sluttning hördes musiken från dolda, forsande bäckar.

All things thawed and snapped, bent and burst back into motion.

Allt tinade och brast av, böjde sig och började röra sig igen.

The Yukon strained to break the cold chains of frozen ice.

Yukon ansträngde sig för att bryta den frusna isens kalla kedjor.

The ice melted underneath, while the sun melted it from above.

Isen smälte under, medan solen smälte den ovanifrån.

Air-holes opened, cracks spread, and chunks fell into the river.

Lufthål öppnades, sprickor spred sig och bitar föll ner i floden.

Amid all this bursting and blazing life, the travelers staggered.

Mitt i allt detta sprudlande och flammande liv vacklade resenärerna.

Two men, a woman, and a pack of huskies walked like the dead.

Två män, en kvinna och ett flock huskyer gick som döda.

The dogs were falling, Mercedes wept, but still rode the sled.

Hundarna föll, Mercedes grät, men åkte fortfarande släden.

Hal cursed weakly, and Charles blinked through watering eyes.

Hal svor svagt, och Charles blinkade genom tårfyllda ögon.

They stumbled into John Thornton's camp by White River's mouth.

De snubblade in i John Thorntons läger vid White Rivers mynning.

When they stopped, the dogs dropped flat, as if all struck dead.

När de stannade föll hundarna platt, som om alla hade slagit döda.

Mercedes wiped her tears and looked across at John Thornton.

Mercedes torkade tårarna och tittade bort på John Thornton.

Charles sat on a log, slowly and stiffly, aching from the trail.

Charles satt långsamt och stelt på en stock, värkande av stigen.

Hal did the talking as Thornton carved the end of an axe-handle.

Hal skötte snacket medan Thornton högg ut änden av ett
yxskaft.

**He whittled birch wood and answered with brief, firm
replies.**

Han täljde björkved och svarade med korta, bestämda svar.

**When asked, he gave advice, certain it wasn't going to be
followed.**

När han blev tillfrågad gav han råd, säker på att de inte skulle
följas.

Hal explained, "They told us the trail ice was dropping out."

Hal förklarade: "De sa att isen på leden höll på att försvinna."

**"They said we should stay put—but we made it to White
River."**

"De sa att vi skulle stanna kvar – men vi kom fram till White
River."

**He ended with a sneering tone, as if to claim victory in
hardship.**

Han avslutade med en hånfull ton, som för att utkräva seger i
nöden.

**"And they told you true," John Thornton answered Hal
quietly.**

"Och de sa sanningen", svarade John Thornton tyst till Hal.

**"The ice may give way at any moment—it's ready to drop
out."**

"Isen kan ge vika när som helst – den är redo att falla ur."

**"Only blind luck and fools could have made it this far
alive."**

"Bara blind tur och dårar kunde ha klarat sig så här långt med
livet i behåll."

**"I tell you straight, I wouldn't risk my life for all Alaska's
gold."**

"Jag säger dig ärligt, jag skulle inte riskera mitt liv för allt
Alaskas guld."

"That's because you're not a fool, I suppose," Hal answered.

"Det är för att du inte är en dåre, antar jag", svarade Hal.

**"All the same, we'll go on to Dawson." He uncoiled his
whip.**

"I alla fall går vi vidare till Dawson." Han rullade ut sin piska.

"Get up there, Buck! Hi! Get up! Go on!" he shouted harshly.

"Upp dit, Buck! Hej! Upp! Kom igen!" ropade han barskt.

Thornton kept whittling, knowing fools won't hear reason.

Thornton fortsatte att snickra, i vetskap om att dårar inte lyssnar på förnuft.

To stop a fool was futile—and two or three fooled changed nothing.

Att stoppa en dåre var meningslöst – och två eller tre lurade förändrade ingenting.

But the team didn't move at the sound of Hal's command.

Men laget rörde sig inte vid ljudet av Hals befallning.

By now, only blows could make them rise and pull forward.

Vid det här laget kunde bara slag få dem att resa sig och dra sig framåt.

The whip snapped again and again across the weakened dogs.

Piskan smällde gång på gång över de försvagade hundarna.

John Thornton pressed his lips tightly and watched in silence.

John Thornton tryckte läpparna hårt och tittade tyst.

Solleks was the first to crawl to his feet under the lash.

Solleks var den förste som kröp upp under pisklaget.

Then Teek followed, trembling. Joe yelped as he stumbled up.

Sedan följde Teek efter, darrande. Joe skrek till när han stapplade upp.

Pike tried to rise, failed twice, then finally stood unsteadily.

Pike försökte resa sig, misslyckades två gånger, men stod slutligen ostadig.

But Buck lay where he had fallen, not moving at all this time.

Men Buck låg där han hade fallit, och rörde sig inte alls den här gången.

The whip slashed him over and over, but he made no sound.

Piskan högg honom om och om igen, men han gav ifrån sig inget ljud.

He did not flinch or resist, simply remained still and quiet.
Han varken ryckte till eller gjorde motstånd, utan förblev bara
stilla och tyst.

Thornton stirred more than once, as if to speak, but didn't.
Thornton rörde sig mer än en gång, som för att tala, men
gjorde det inte.

His eyes grew wet, and still the whip cracked against Buck.
Hans ögon blev våta, och piskan smällde fortfarande mot
Buck.

At last, Thornton began pacing slowly, unsure of what to do.
Till slut började Thornton gå långsamt fram och tillbaka,
osäker på vad han skulle göra.

It was the first time Buck had failed, and Hal grew furious.
Det var första gången Buck hade misslyckats, och Hal blev
rasande.

**He threw down the whip and picked up the heavy club
instead.**
Han kastade ner piskan och plockade upp den tunga klubban
istället.

**The wooden club came down hard, but Buck still did not
rise to move.**
Träklubban föll hårt ner, men Buck reste sig fortfarande inte
för att röra sig.

Like his teammates, he was too weak—but more than that.
Liksom sina lagkamrater var han för svag – men mer än så.

Buck had decided not to move, no matter what came next.
Buck hade bestämt sig för att inte röra sig, oavsett vad som
skulle hända härnäst.

He felt something dark and certain hovering just ahead.
Han kände något mörkt och säkert sväva alldeles framför
honom.

**That dread had seized him as soon as he reached the
riverbank.**
Den skräcken hade gripit honom så snart han nådde
flodstranden.

**The feeling had not left him since he felt the ice thin under
his paws.**

Känslan hade inte lämnat honom sedan han känt isen tunnna under tassarna.

Something terrible was waiting—he felt it just down the trail.

Något fruktansvärt väntade – han kände det alldeles längre ner på stigen.

He wasn't going to walk towards that terrible thing ahead

Han tänkte inte gå mot den där hemska saken framför sig

He was not going to obey any command that took him to that thing.

Han tänkte inte lyda någon befallning som ledde honom till den saken.

The pain of the blows hardly touched him now—he was too far gone.

Smärtan från slagen rörde honom knappt nu – han var för långt borta.

The spark of life flickered low, dimmed beneath each cruel strike.

Livsgnistan fladdrade lågt, fördunklad under varje grymt slag.

His limbs felt distant; his whole body seemed to belong to another.

Hans lemmar kändes avlägsna; hela hans kropp tycktes tillhöra en annan.

He felt a strange numbness as the pain faded out completely.

Han kände en märklig domning när smärtan försvann helt.

From far away, he sensed he was being beaten, but barely knew.

På långt håll kände han att han blev slagen, men visste knappt.

He could hear the thuds faintly, but they no longer truly hurt.

Han kunde höra dunsarna svagt, men de gjorde inte längre riktigt ont.

The blows landed, but his body no longer seemed like his own.

Slagen träffade honom, men hans kropp kändes inte längre som hans egen.

Then suddenly, without warning, John Thornton gave a wild cry.

Sedan plötsligt, utan förvarning, utstötte John Thornton ett vilt rop.

It was inarticulate, more the cry of a beast than of a man.

Det var oartikulerat, mer ett odjurs än en människas rop.

He leapt at the man with the club and knocked Hal backward.

Han hoppade på mannen med klubban och slog Hal bakåt.

Hal flew as if struck by a tree, landing hard upon the ground.

Hal flög som om han blivit träffad av ett träd och landade hårt på marken.

Mercedes screamed aloud in panic and clutched at her face.

Mercedes skrek högt i panik och höll sig för hennes ansikte.

Charles only looked on, wiped his eyes, and stayed seated.

Charles bara tittade på, torkade sig om ögonen och stannade kvar.

His body was too stiff with pain to rise or help in the fight.

Hans kropp var för stel av smärta för att resa sig eller hjälpa till i kampen.

Thornton stood over Buck, trembling with fury, unable to speak.

Thornton stod över Buck, darrande av ilska, oförmögen att tala.

He shook with rage and fought to find his voice through it.

Han skakade av ilska och kämpade för att hitta sin röst genom den.

"If you strike that dog again, I'll kill you," he finally said.

"Om du slår den där hunden igen, så dödar jag dig", sa han till slut.

Hal wiped blood from his mouth and came forward again.

Hal torkade blodet från munnen och kom fram igen.

"It's my dog," he muttered. "Get out of the way, or I'll fix you."

"Det är min hund", muttrade han. "Gå ur vägen, annars fixar jag dig."

"I'm going to Dawson, and you're not stopping me," he added.

"Jag ska till Dawson, och du kommer inte att hindra mig", tillade han.

Thornton stood firm between Buck and the angry young man.

Thornton stod stadigt mellan Buck och den arga unge mannen.

He had no intention of stepping aside or letting Hal pass.

Han hade ingen avsikt att stiga åt sidan eller låta Hal gå förbi.

Hal pulled out his hunting knife, long and dangerous in hand.

Hal drog fram sin jaktkniv, lång och farlig i handen.

Mercedes screamed, then cried, then laughed in wild hysteria.

Mercedes skrek, sedan grät, sedan skrattade i vild hysteri.

Thornton struck Hal's hand with his axe-handle, hard and fast.

Thornton slog Hals hand med sitt yxskaft, hårt och snabbt.

The knife was knocked loose from Hal's grip and flew to the ground.

Kniven lossnade från Hals grepp och flög till marken.

Hal tried to pick the knife up, and Thornton rapped his knuckles again.

Hal försökte lyfta kniven, och Thornton knackade igen med knogarna.

Then Thornton stooped down, grabbed the knife, and held it.

Sedan böjde sig Thornton ner, tog kniven och höll den.

With two quick chops of the axe-handle, he cut Buck's reins.

Med två snabba hugg med yxskaftet högg han av Bucks tyglar.

Hal had no fight left in him and stepped back from the dog.

Hal hade ingen kamp kvar i sig och tog ett steg tillbaka från hunden.

Besides, Mercedes needed both arms now to keep her upright.

Dessutom behövde Mercedes båda armarna nu för att hålla sig upprätt.

Buck was too near death to be of use for pulling a sled again.

Buck var för nära döden för att kunna dra en släde igen.

A few minutes later, they pulled out, heading down the river.

Några minuter senare drog de ut och styrde nerför floden.

Buck raised his head weakly and watched them leave the bank.

Buck lyfte svagt huvudet och såg dem lämna banken.

Pike led the team, with Solleks at the rear in the wheel spot.

Pike ledde laget, med Solleks längst bak i ratten.

Joe and Teek walked between, both limping with exhaustion.

Joe och Teek gick emellan, båda haltande av utmattning.

Mercedes sat on the sled, and Hal gripped the long gee-pole.

Mercedes satte sig på släden, och Hal grep tag i den långa gee-staven.

Charles stumbled behind, his steps clumsy and uncertain.

Charles stapplade bakom, hans steg klumpiga och osäkra.

Thornton knelt by Buck and gently felt for broken bones.

Thornton knäböjde bredvid Buck och kände försiktigt efter brutna ben.

His hands were rough but moved with kindness and care.

Hans händer var grova men rörde sig med vänlighet och omsorg.

Buck's body was bruised but showed no lasting injury.

Bucks kropp var blåmärkt men visade inga bestående skador.

What remained was terrible hunger and near-total weakness.

Det som återstod var fruktansvärd hunger och nästan total svaghet.

By the time this was clear, the sled had gone far downriver.

När detta var klart hade släden kört långt nedströms.

Man and dog watched the sled slowly crawl over the cracking ice.

Man och hund såg släden sakta krypa över den sprickande isen.

Then, they saw the sled sink down into a hollow.

Sedan såg de släden sjunka ner i en hålighet.

The gee-pole flew up, with Hal still clinging to it in vain.

Gee-stången flög upp, med Hal fortfarande förgäves klamrande sig fast vid den.

Mercedes's scream reached them across the cold distance.

Mercedes skrik nådde dem över den kalla fjärran.

Charles turned and stepped back—but he was too late.

Charles vände sig om och tog ett steg tillbaka – men han var för sent ute.

A whole ice sheet gave way, and they all dropped through.

En hel inlandsis gav vika, och de föll alla igenom.

Dogs, sled, and people vanished into the black water below.

Hundar, släde och människor försvann ner i det svarta vattnet nedanför.

Only a wide hole in the ice was left where they had passed.

Endast ett brett hål i isen fanns kvar där de hade passerat.

The trail's bottom had dropped out—just as Thornton warned.

Stigens botten hade fallit ut – precis som Thornton varnade för.

Thornton and Buck looked at one another, silent for a moment.

Thornton och Buck tittade på varandra, tysta en stund.

"You poor devil," said Thornton softly, and Buck licked his hand.

"Din stackars djävul", sa Thornton mjukt, och Buck slickade hans hand.

For the Love of a Man
För en mans kärlek

John Thornton froze his feet in the cold of the previous December.
John Thornton frös om fötterna i kylan från föregående december.

His partners made him comfortable and left him to recover alone.
Hans partners gjorde det bekvämt för honom och lät honom återhämta sig ensam.

They went up the river to gather a raft of saw-logs for Dawson.
De gick uppför floden för att samla en flotte sågtimmer åt Dawson.

He was still limping slightly when he rescued Buck from death.
Han haltade fortfarande lite när han räddade Buck från döden.

But with warm weather continuing, even that limp disappeared.
Men med det fortsatta varma vädret försvann även den haltandet.

Lying by the riverbank during long spring days, Buck rested.
Liggande vid flodstranden under långa vårdagar vilade Buck.

He watched the flowing water and listened to birds and insects.
Han tittade på det strömmande vattnet och lyssnade på fåglar och insekter.

Slowly, Buck regained his strength under the sun and sky.
Sakta men säkert återfick Buck sin styrka under solen och himlen.

A rest felt wonderful after traveling three thousand miles.
En vila kändes underbar efter att ha rest tre tusen mil.

Buck became lazy as his wounds healed and his body filled out.

Buck blev lat när hans sår läkte och hans kropp fylldes ut.

His muscles grew firm, and flesh returned to cover his bones.

Hans muskler blev fasta, och köttet täckte hans ben igen.

They were all resting—Buck, Thornton, Skeet, and Nig.

De vilade alla – Buck, Thornton, Skeet och Nig.

They waited for the raft that was going to carry them down to Dawson.

De väntade på flotten som skulle bära dem ner till Dawson.

Skeet was a small Irish setter who made friends with Buck.

Skeet var en liten irländsk setter som blev vän med Buck.

Buck was too weak and ill to resist her at their first meeting.

Buck var för svag och sjuk för att motstå henne vid deras första möte.

Skeet had the healer trait that some dogs naturally possess.

Skeet hade den helande egenskapen som vissa hundar naturligt har.

Like a mother cat, she licked and cleaned Buck's raw wounds.

Liksom en kattmamma slickade och rengjorde hon Bucks råa sår.

Every morning after breakfast, she repeated her careful work.

Varje morgon efter frukost upprepade hon sitt noggranna arbete.

Buck came to expect her help as much as he did Thornton's.

Buck kom att förvänta sig hennes hjälp lika mycket som han förväntade sig Thorntons.

Nig was friendly too, but less open and less affectionate.

Nig var också vänlig, men mindre öppen och mindre tillgiven.

Nig was a big black dog, part bloodhound and part deerhound.

Nig var en stor svart hund, delvis blodhund och delvis hjorthund.

He had laughing eyes and endless good nature in his spirit.

Han hade skrattande ögon och en oändlig godhet i sin själ.

To Buck's surprise, neither dog showed jealousy toward him.

Till Bucks förvåning visade ingen av hundarna svartsjuka mot honom.

Both Skeet and Nig shared the kindness of John Thornton.

Både Skeet och Nig delade John Thorntons vänlighet.

As Buck got stronger, they lured him into foolish dog games.

Allt eftersom Buck blev starkare lockade de honom in i fåniga hundlekar.

Thornton often played with them too, unable to resist their joy.

Thornton lekte ofta med dem också, oförmögen att motstå deras glädje.

In this playful way, Buck moved from illness to a new life.

På detta lekfulla sätt gick Buck från sjukdom till ett nytt liv.

Love — true, burning, and passionate love — was his at last.

Kärleken – sann, brinnande och passionerad kärlek – var äntligen hans.

He had never known this kind of love at Miller's estate.

Han hade aldrig känt den här sortens kärlek på Millers gods.

With the Judge's sons, he had shared work and adventure.

Med domarens söner hade han delat arbete och äventyr.

With the grandsons, he saw stiff and boastful pride.

Hos sonsönerna såg han stel och skrytsam stolthet.

With Judge Miller himself, he had a respectful friendship.

Med domare Miller själv hade han en respektfull vänskap.

But love that was fire, madness, and worship came with Thornton.

Men kärlek som var eld, galenskap och dyrkan kom med Thornton.

This man had saved Buck's life, and that alone meant a great deal.

Den här mannen hade räddat Bucks liv, och det ensamt betydde oerhört mycket.

But more than that, John Thornton was the ideal kind of master.

Men mer än så var John Thornton den ideala typen av mästare.

Other men cared for dogs out of duty or business necessity.

Andra män tog hand om hundar av plikt eller affärsmässig nödvändighet.

John Thornton cared for his dogs as if they were his children.

John Thornton tog hand om sina hundar som om de vore hans barn.

He cared for them because he loved them and simply could not help it.

Han brydde sig om dem för att han älskade dem och helt enkelt inte kunde göra något åt det.

John Thornton saw even further than most men ever managed to see.

John Thornton såg ännu längre än de flesta män någonsin lyckades se.

He never forgot to greet them kindly or speak a cheering word.

Han glömde aldrig att hälsa dem vänligt eller säga ett uppmuntrande ord.

He loved sitting down with the dogs for long talks, or "gassy," as he said.

Han älskade att sitta ner med hundarna för långa samtal, eller "gasiga", som han sa.

He liked to seize Buck's head roughly between his strong hands.

Han tyckte om att gripa Bucks huvud hårt mellan sina starka händer.

Then he rested his own head against Buck's and shook him gently.

Sedan lutade han sitt huvud mot Bucks och skakade honom försiktigt.

All the while, he called Buck rude names that meant love to Buck.

Hela tiden kallade han Buck oförskämda namn som betydde kärlek för Buck.

To Buck, that rough embrace and those words brought deep joy.
För Buck väckte den hårda omfamningen och de orden djup glädje.

His heart seemed to shake loose with happiness at each movement.
Hans hjärta tycktes skaka löst av lycka vid varje rörelse.

When he sprang up afterward, his mouth looked like it laughed.
När han sprang upp efteråt såg det ut som om hans mun skrattade.

His eyes shone brightly and his throat trembled with unspoken joy.
Hans ögon lyste klart och hans hals darrade av outtalad glädje.

His smile stood still in that state of emotion and glowing affection.
Hans leende stod stilla i det där tillståndet av känslor och glödande tillgivenhet.

Then Thornton exclaimed thoughtfully, "God! he can almost speak!"
Sedan utbrast Thornton eftertänksamt: "Herregud! han kan nästan tala!"

Buck had a strange way of expressing love that nearly caused pain.
Buck hade ett konstigt sätt att uttrycka kärlek som nästan orsakade smärta.

He often griped Thornton's hand in his teeth very tightly.
Han höll ofta Thorntons hand mycket hårt mellan tänderna.

The bite was going to leave deep marks that stayed for some time after.
Bettet skulle lämna djupa spår som stannade kvar ett tag efteråt.

Buck believed those oaths were love, and Thornton knew the same.
Buck trodde att de svordomarna var kärlek, och Thornton visste detsamma.

Most often, Buck's love showed in quiet, almost silent adoration.

Oftast visade sig Bucks kärlek i tyst, nästan tyst beundran.

Though thrilled when touched or spoken to, he did not seek attention.

Även om han blev upprymd när han blev berörd eller tilltalad, sökte han inte uppmärksamhet.

Skeet nudged her nose under Thornton's hand until he petted her.

Skeet knuffade nosen under Thorntons hand tills han klappade henne.

Nig walked up quietly and rested his large head on Thornton's knee.

Nig gick tyst fram och vilade sitt stora huvud på Thorntons knä.

Buck, in contrast, was satisfied to love from a respectful distance.

Buck, däremot, var nöjd med att älska från ett respektfullt avstånd.

He lied for hours at Thornton's feet, alert and watching closely.

Han låg i timmar vid Thorntons fötter, vaken och iakttagande noga.

Buck studied every detail of his master's face and slightest motion.

Buck studerade varje detalj i sin husbondes ansikte och minsta rörelse.

Or lied farther away, studying the man's shape in silence.

Eller ljög längre bort och studerade mannens skepnad i tystnad.

Buck watched each small move, each shift in posture or gesture.

Buck iakttog varje liten rörelse, varje förändring i hållning eller gest.

So powerful was this connection that often pulled Thornton's gaze.

Så stark var denna koppling att den ofta drog till sig
Thorntons blick.

**He met Buck's eyes with no words, love shining clearly
through.**

Han mötte Bucks blick utan ord, kärleken lyste klart igenom.

**For a long while after being saved, Buck never let Thornton
out of sight.**

Under en lång tid efter att han räddats släppte Buck aldrig
Thornton ur sikte.

**Whenever Thornton left the tent, Buck followed him closely
outside.**

Varje gång Thornton lämnade tältet följde Buck honom tätt ut.

**All the harsh masters in the Northland had made Buck
afraid to trust.**

Alla de hårda herrarna i Nordlandet hade gjort Buck rädd för
att lita på honom.

**He feared no man could remain his master for more than a
short time.**

Han fruktade att ingen man kunde förbli hans herre i mer än
en kort tid.

**He feared John Thornton was going to vanish like Perrault
and François.**

Han fruktade att John Thornton skulle försvinna liksom
Perrault och François.

**Even at night, the fear of losing him haunted Buck's restless
sleep.**

Även på natten hemsökte rädslan för att förlora honom Bucks
oroliga sömn.

**When Buck woke, he crept out into the cold, and went to the
tent.**

När Buck vaknade smög han ut i kylan och gick till tältet.

He listened carefully for the soft sound of breathing inside.

Han lyssnade noga efter det mjuka ljudet av andning inuti.

**Despite Buck's deep love for John Thornton, the wild stayed
alive.**

Trots Bucks djupa kärlek till John Thornton levde vildmarken
över.

That primitive instinct, awakened in the North, did not disappear.

Den primitiva instinkten, som väcktes i norr, försvann inte.

Love brought devotion, loyalty, and the fire-side's warm bond.

Kärlek förde med sig hängivenhet, lojalitet och eldsidans varma band.

But Buck also kept his wild instincts, sharp and ever alert.

Men Buck behöll också sina vilda instinkter, skarpa och ständigt vakna.

He was not just a tamed pet from the soft lands of civilization.

Han var inte bara ett tämjt husdjur från civilisationens mjuka länder.

Buck was a wild being who had come in to sit by Thornton's fire.

Buck var en vild varelse som hade kommit in för att sitta vid Thorntons eld.

He looked like a Southland dog, but wildness lived within him.

Han såg ut som en sydlandshund, men vildhet levde inom honom.

His love for Thornton was too great to allow theft from the man.

Hans kärlek till Thornton var för stor för att tillåta stöld från mannen.

But in any other camp, he would steal boldly and without pause.

Men i vilket annat läger som helst skulle han stjäla djärvt och utan uppehåll.

He was so clever in stealing that no one could catch or accuse him.

Han var så listig på att stjäla att ingen kunde fånga eller anklaga honom.

His face and body were covered in scars from many past fights.

Hans ansikte och kropp var täckta av ärr från många tidigare slagsmål.

Buck still fought fiercely, but now he fought with more cunning.

Buck kämpade fortfarande häftigt, men nu kämpade han med ännu mer slughet.

Skeet and Nig were too gentle to fight, and they were Thornton's.

Skeet och Nig var för vänliga för att slåss, och de tillhörde Thornton.

But any strange dog, no matter how strong or brave, gave way.

Men vilken främmande hund som helst, oavsett hur stark eller modig den var, gav vika.

Otherwise, the dog found itself battling Buck; fighting for its life.

Annars fann hunden sig själv i en kamp mot Buck; kämpande för sitt liv.

Buck had no mercy once he chose to fight against another dog.

Buck hade ingen nåd när han väl valde att slåss mot en annan hund.

He had learned well the law of club and fang in the Northland.

Han hade väl lärt sig lagen om klubba och huggtänder i Nordlandet.

He never gave up an advantage and never backed away from battle.

Han gav aldrig upp en fördel och backade aldrig från striden.

He had studied Spitz and the fiercest dogs of mail and police.

Han hade studerat spetshundar och de vildaste post- och polishundarna.

He knew clearly there was no middle ground in wild combat.

Han visste tydligt att det inte fanns någon medelväg i vild strid.

He must rule or be ruled; showing mercy meant showing weakness.

Han måste styra eller bli styrd; att visa barmhärtighet innebar att visa svaghet.

Mercy was unknown in the raw and brutal world of survival.

Barmhärtighet var okänd i överlevnadens råa och brutala värld.

To show mercy was seen as fear, and fear led quickly to death.

Att visa barmhärtighet sågs som rädsla, och rädsla ledde snabbt till döden.

The old law was simple: kill or be killed, eat or be eaten.

Den gamla lagen var enkel: döda eller bli dödad, ät eller bli uppäten.

That law came from the depths of time, and Buck followed it fully.

Den lagen kom från tidens djup, och Buck följde den till fullo.

Buck was older than his years and the number of breaths he took.

Buck var äldre än han var och antalet andetag han tog.

He connected the ancient past with the present moment clearly.

Han kopplade tydligt samman det forntida förflutna med nuet.

The deep rhythms of the ages moved through him like the tides.

Tidernas djupa rytmer rörde sig genom honom likt tidvattnet.

Time pulsed in his blood as surely as seasons moved the earth.

Tiden pulserade i hans blod lika säkert som årstiderna rörde jorden.

He sat by Thornton's fire, strong-chested and white-fanged.

Han satt vid Thorntons eld, med kraftigt bröst och vita huggtänder.

His long fur waved, but behind him the spirits of wild dogs watched.

Hans långa päls böljade, men bakom honom tittade vilda hundars andar på.

Half-wolves and full wolves stirred within his heart and senses.

Halvvargar och hela vargar rörde sig i hans hjärta och sinnen.

They tasted his meat and drank the same water that he did.

De smakade på hans kött och drack samma vatten som han gjorde.

They sniffed the wind alongside him and listened to the forest.

De luktade i vinden bredvid honom och lyssnade till skogen.

They whispered the meanings of the wild sounds in the darkness.

De viskade betydelsen av de vilda ljuden i mörkret.

They shaped his moods and guided each of his quiet reactions.

De formade hans humör och vägledde var och en av hans tysta reaktioner.

They lay with him as he slept and became part of his deep dreams.

De låg hos honom medan han sov och blev en del av hans djupa drömmar.

They dreamed with him, beyond him, and made up his very spirit.

De drömde med honom, bortom honom, och formade hans själva ande.

The spirits of the wild called so strongly that Buck felt pulled.

Vildmarkens andar ropade så starkt att Buck kände sig dragen.

Each day, mankind and its claims grew weaker in Buck's heart.

För varje dag blev mänskligheten och dess anspråk svagare i Bucks hjärta.

Deep in the forest, a strange and thrilling call was going to rise.

Djupt inne i skogen skulle ett märkligt och spännande rop stiga.

Every time he heard the call, Buck felt an urge he could not resist.

Varje gång han hörde ropet kände Buck en impuls han inte kunde motstå.

He was going to turn from the fire and from the beaten human paths.

Han skulle vända sig bort från elden och bort från de upptrampade mänskliga stigarna.

He was going to plunge into the forest, going forward without knowing why.

Han skulle störta in i skogen, gå framåt utan att veta varför.

He did not question this pull, for the call was deep and powerful.

Han ifrågasatte inte denna dragningskraft, ty kallelsen var djup och kraftfull.

Often, he reached the green shade and soft untouched earth

Ofta nådde han den gröna skuggan och den mjuka, orörda jorden

But then the strong love for John Thornton pulled him back to the fire.

Men sedan drog den starka kärleken till John Thornton honom tillbaka till elden.

Only John Thornton truly held Buck's wild heart in his grasp.

Endast John Thornton höll verkligen Bucks vilda hjärta i sitt grepp.

The rest of mankind had no lasting value or meaning to Buck.

Resten av mänskligheten hade inget bestående värde eller mening för Buck.

Strangers might praise him or stroke his fur with friendly hands.

Främlingar kan berömma honom eller stryka hans päls med vänliga händer.

Buck remained unmoved and walked off from too much affection.

Buck förblev oberörd och gick sin väg på grund av alltför mycket tillgivenhet.

Hans and Pete arrived with the raft that had long been awaited

Hans och Pete anlände med flotten som länge hade väntats

Buck ignored them until he learned they were close to Thornton.

Buck ignorerade dem tills han fick veta att de var nära Thornton.

After that, he tolerated them, but never showed them full warmth.

Efter det tolererade han dem, men visade dem aldrig full värme.

He took food or kindness from them as if doing them a favor.

Han tog emot mat eller vänlighet från dem som om han gjorde dem en tjänst.

They were like Thornton—simple, honest, and clear in thought.

De var som Thornton – enkla, ärliga och klara i tankarna.

All together they traveled to Dawson's saw-mill and the great eddy

Alla tillsammans reste de till Dawsons sågverk och den stora virveln

On their journey the learned to understand Buck's nature deeply.

På sin resa lärde de sig att djupt förstå Bucks natur.

They did not try to grow close like Skeet and Nig had done.

De försökte inte komma nära varandra som Skeet och Nig hade gjort.

But Buck's love for John Thornton only deepened over time.

Men Bucks kärlek till John Thornton fördjupades bara med tiden.

Only Thornton could place a pack on Buck's back in the summer.

Endast Thornton kunde lägga en packning på Bucks rygg på sommaren.

Whatever Thornton commanded, Buck was willing to do fully.

Vad Thornton än befallde, var Buck villig att göra helt och hållet.

One day, after they left Dawson for the headwaters of the Tanana,

En dag, efter att de lämnat Dawson för Tananas källflöden,

the group sat on a cliff that dropped three feet to bare bedrock.

Gruppen satt på en klippa som föll en meter ner till kala berggrunden.

John Thornton sat near the edge, and Buck rested beside him.

John Thornton satt nära kanten, och Buck vilade bredvid honom.

Thornton had a sudden thought and called the men's attention.

Thornton fick en plötslig tanke och påkallade männens uppmärksamhet.

He pointed across the chasm and gave Buck a single command.

Han pekade över avgrunden och gav Buck en enda kommando.

"Jump, Buck!" he said, swinging his arm out over the drop.

"Hoppa, Buck!" sa han och svingade ut armen över stupet.

In a moment, he had to grab Buck, who was leaping to obey.

I ett ögonblick var han tvungen att gripa tag i Buck, som hoppade till för att lyda.

Hans and Pete rushed forward and pulled both back to safety.

Hans och Pete rusade fram och drog båda tillbaka i säkerhet.

After all ended, and they had caught their breath, Pete spoke up.

När allt var över, och de hade hämtat andan, tog Pete till orda.

"The love's uncanny," he said, shaken by the dog's fierce devotion.

"Kärleken är kuslig", sa han, skakad av hundens starka hängivenhet.

Thornton shook his head and replied with calm seriousness.

Thornton skakade på huvudet och svarade med lugnt allvar.

"No, the love is splendid," he said, "but also terrible."

"Nej, kärleken är fantastisk", sa han, "men också fruktansvärd."

"Sometimes, I must admit, this kind of love makes me afraid."

"Ibland måste jag erkänna att den här typen av kärlek gör mig rädd."

Pete nodded and said, "I'd hate to be the man who touches you."

Pete nickade och sa: "Jag skulle hata att vara mannen som rör vid dig."

He looked at Buck as he spoke, serious and full of respect.

Han tittade på Buck medan han talade, allvarlig och full av respekt.

"Py Jingo!" said Hans quickly. "Me either, no sir."

"Py Jingo!" sa Hans snabbt. "Jag heller, nej, sir."

Before the year ended, Pete's fears came true at Circle City.

Innan året var slut besannades Petes farhågor i Circle City.

A cruel man named Black Burton picked a fight in the bar.

En grym man vid namn Black Burton började bråka i baren.

He was angry and malicious, lashing out at a new tenderfoot.

Han var arg och illvillig och gick till attack mot en ny ömtålig person.

John Thornton stepped in, calm and good-natured as always.

John Thornton klev in, lugn och godmodig som alltid.

Buck lay in a corner, head down, watching Thornton closely.

Buck låg i ett hörn med huvudet nedåt och iakttog Thornton noga.

Burton suddenly struck, his punch sending Thornton spinning.
Burton slog plötsligt till, hans slag fick Thornton att snurra.

Only the bar's rail kept him from crashing hard to the ground.
Endast stångens räcke hindrade honom från att falla hårt mot marken.

The watchers heard a sound that was not bark or yelp
Vaktarna hörde ett ljud som inte var skall eller skrik

a deep roar came from Buck as he launched toward the man.
ett djupt vrål kom från Buck när han rusade mot mannen.

Burton threw his arm up and barely saved his own life.
Burton kastade upp armen och räddade nätt och jämnt sitt eget liv.

Buck crashed into him, knocking him flat onto the floor.
Buck körde in i honom och slog honom platt på golvet.

Buck bit deep into the man's arm, then lunged for the throat.
Buck bet djupt i mannens arm och kastade sig sedan mot strupen.

Burton could only partly block, and his neck was torn open.
Burton kunde bara delvis blockera, och hans nacke slets upp.

Men rushed in, clubs raised, and drove Buck off the bleeding man.
Män rusade in, hissade klubbor och drev bort Buck den blödande mannen.

A surgeon worked quickly to stop the blood from flowing out.
En kirurg arbetade snabbt för att stoppa blodet från att rinna ut.

Buck paced and growled, trying to attack again and again.
Buck gick fram och tillbaka och morrade, och försökte attackera om och om igen.

Only swinging clubs kept him back from reaching Burton.
Endast svingande klubbor hindrade honom från att nå Burton.

A miners' meeting was called and held right there on the spot.

Ett gruvarbetarmöte sammankallades och hölls just där på plats.

They agreed Buck had been provoked and voted to set him free.

De höll med om att Buck hade blivit provocerad och röstade för att släppa honom fri.

But Buck's fierce name now echoed in every camp in Alaska.

Men Bucks våldsamma namn ekade nu i varje läger i Alaska.

Later that fall, Buck saved Thornton again in a new way.

Senare samma höst räddade Buck Thornton igen på ett nytt sätt.

The three men were guiding a long boat down rough rapids.

De tre männen guidade en lång båt nerför grova forsar.

Thornton maned the boat, calling directions to the shoreline.

Thornton manövrerade båten och ropade upp vägbeskrivningar till strandlinjen.

Hans and Pete ran on land, holding a rope from tree to tree.

Hans och Pete sprang på land och höll ett rep från träd till träd.

Buck kept pace on the bank, always watching his master.

Buck höll takten på stranden och vakade ständigt över sin herre.

At one nasty place, rocks jutted out under the fast water.

På ett otäckt ställe stack stenar ut under det snabba vattnet.

Hans let go of the rope, and Thornton steered the boat wide.

Hans släppte repet, och Thornton styrde båten vida.

Hans sprinted to catch the boat again past the dangerous rocks.

Hans spurtade för att hinna ikapp båten igen förbi de farliga klipporna.

The boat cleared the ledge but hit a stronger part of the current.

Båten passerade avsatsen men träffade en starkare del av strömmen.

Hans grabbed the rope too quickly and pulled the boat off balance.

Hans grep tag i repet för snabbt och drog båten ur balans.

The boat flipped over and slammed into the bank, bottom up.

Båten voltade och slog in i stranden, med botten upp.

Thornton was thrown out and swept into the wildest part of the water.

Thornton kastades ut och sveptes ner i den vildaste delen av vattnet.

No swimmer could have survived in those deadly, racing waters.

Ingen simmare skulle ha överlevt i det dödliga, rusande vattnet.

Buck jumped in instantly and chased his master down the river.

Buck hoppade genast in och jagade sin husbonde nerför floden.

After three hundred yards, he reached Thornton at last.

Efter trehundra meter nådde han äntligen Thornton.

Thornton grabbed Buck's tail, and Buck turned for the shore.

Thornton grep tag i Bucks stjärt, och Buck vände sig mot stranden.

He swam with full strength, fighting the water's wild drag.

Han simmade med full styrka och kämpade mot vattnets vilda drag.

They moved downstream faster than they could reach the shore.

De rörde sig nedströms snabbare än de kunde nå stranden.

Ahead, the river roared louder as it fell into deadly rapids.

Framför dånade floden högre när den störtade ner i dödliga forsar.

Rocks sliced through the water like the teeth of a huge comb.

Stenar skar genom vattnet som tänderna på en enorm kam.

The pull of the water near the drop was savage and inescapable.

Vattnets dragningskraft nära droppen var våldsam och oundviklig.

Thornton knew they could never make the shore in time.
Thornton visste att de aldrig skulle kunna nå stranden i tid.
He scraped over one rock, smashed across a second,
Han skrapade över en sten, slog över en andra,
And then he crashed into a third rock, grabbing it with both hands.
Och sedan krockade han med en tredje sten och grep tag i den med båda händerna.
He let go of Buck and shouted over the roar, "Go, Buck! Go!"
Han släppte taget om Buck och ropade över vrålet: "Kör, Buck! Kör!"
Buck could not stay afloat and was swept down by the current.
Buck kunde inte hålla sig flytande och sveptes med av strömmen.
He fought hard, struggling to turn, but made no headway at all.
Han kämpade hårt, kämpade för att vända, men gjorde inga framsteg alls.
Then he heard Thornton repeat the command over the river's roar.
Sedan hörde han Thornton upprepa kommandot över flodens dån.
Buck reared out of the water, raised his head as if for a last look.
Buck steg upp ur vattnet och lyfte huvudet som för att ta en sista titt.
then turned and obeyed, swimming toward the bank with resolve.
sedan vände han sig om och lydde, simmande mot stranden med beslutsamhet.
Pete and Hans pulled him ashore at the final possible moment.
Pete och Hans drog honom i land i sista möjliga ögonblick.
They knew Thornton could cling to the rock for only minutes more.

De visste att Thornton bara kunde klamra sig fast vid stenen i några minuter till.

They ran up the bank to a spot far above where he was hanging.

De sprang uppför banken till en plats långt ovanför där han hängde.

They tied the boat's line to Buck's neck and shoulders carefully.

De knöt försiktigt båtens lina runt Bucks nacke och axlar.

The rope was snug but loose enough for breathing and movement.

Repet var tätt men tillräckligt löst för andning och rörelse.

Then they launched him into the rushing, deadly river again.

Sedan kastade de honom ner i den forsande, dödliga floden igen.

Buck swam boldly but missed his angle into the stream's force.

Buck simmade djärvt men missade vinkeln in i strömmens kraft.

He saw too late that he was going to drift past Thornton.

Han insåg för sent att han skulle driva förbi Thornton.

Hans jerked the rope tight, as if Buck were a capsizing boat.

Hans ryckte i repet, som om Buck vore en kapsejsande båt.

The current pulled him under, and he vanished below the surface.

Strömmen drog honom under ytan, och han försvann under ytan.

His body struck the bank before Hans and Pete pulled him out.

Hans kropp träffade banken innan Hans och Pete drog upp honom.

He was half-drowned, and they pounded the water out of him.

Han var halvt drunknad, och de stampade vattnet ur honom.

Buck stood, staggered, and collapsed again onto the ground.

Buck reste sig, vacklade och kollapsade återigen till marken.

Then they heard Thornton's voice faintly carried by the wind.

Sedan hörde de Thorntons röst svagt buren av vinden.

Though the words were unclear, they knew he was near death.

Även om orden var oklara, visste de att han var nära döden.

The sound of Thornton's voice hit Buck like an electric jolt.

Ljudet av Thorntons röst träffade Buck som en elektrisk stöt.

He jumped up and ran up the bank, returning to the launch point.

Han hoppade upp och sprang uppför stranden, återvändande till startpunkten.

Again they tied the rope to Buck, and again he entered the stream.

Återigen band de repet fast vid Buck, och återigen gick han ner i bäcken.

This time, he swam directly and firmly into the rushing water.

Den här gången simmade han rakt och bestämt ner i det forsande vattnet.

Hans let out the rope steadily while Pete kept it from tangling.

Hans släppte ut repet stadigt medan Pete hindrade det från att trassla ihop sig.

Buck swam hard until he was lined up just above Thornton.

Buck simmade hårt tills han stod uppradad precis ovanför Thornton.

Then he turned and charged down like a train in full speed.

Sedan vände han och rusade ner som ett tåg i full fart.

Thornton saw him coming, braced, and locked arms around his neck.

Thornton såg honom komma, rustad och låste armarna om hans hals.

Hans tied the rope fast around a tree as both were pulled under.

Hans knöt repet fast runt ett träd när båda drogs under.

They tumbled underwater, smashing into rocks and river debris.

De tumlade under vattnet och krossade stenar och flodskräp.

One moment Buck was on top, the next Thornton rose gasping.

Ena stunden var Buck ovanpå, i nästa reste sig Thornton kippandes efter andan.

Battered and choking, they veered to the bank and safety.

Misshandlade och kvävda vek de av mot stranden och i säkerhet.

Thornton regained consciousness, lying across a drift log.

Thornton återfick medvetandet, liggandes tvärs över en drivstock.

Hans and Pete worked him hard to bring back breath and life.

Hans och Pete arbetade hårt med honom för att få honom att andas och få liv igen.

His first thought was for Buck, who lay motionless and limp.

Hans första tanke var på Buck, som låg orörlig och slapp.

Nig howled over Buck's body, and Skeet licked his face gently.

Nig ylade över Bucks kropp, och Skeet slickade honom försiktigt i ansiktet.

Thornton, sore and bruised, examined Buck with careful hands.

Thornton, öm och blåslagen, undersökte Buck med försiktiga händer.

He found three ribs broken, but no deadly wounds in the dog.

Han fann tre brutna revben, men inga dödliga sår på hunden.

"That settles it," Thornton said. "We camp here." And they did.

"Det avgjorde saken", sa Thornton. "Vi campar här." Och det gjorde de.

They stayed until Buck's ribs healed and he could walk again.

De stannade tills Bucks revben läkte och han kunde gå igen.

That winter, Buck performed a feat that raised his fame further.
Den vintern utförde Buck en bedrift som ytterligare höjde hans berömmelse.

It was less heroic than saving Thornton, but just as impressive.
Det var mindre heroiskt än att rädda Thornton, men lika imponerande.

At Dawson, the partners needed supplies for a distant journey.
I Dawson behövde partnerna förnödenheter för en avlägsen resa.

They wanted to travel East, into untouched wilderness lands.
De ville resa österut, in i orörda vildmarker.

Buck's deed in the Eldorado Saloon made that trip possible.
Bucks dåd i Eldorado Saloon gjorde den resan möjlig.

It began with men bragging about their dogs over drinks.
Det började med att män skröt om sina hundar över drinkar.

Buck's fame made him the target of challenges and doubt.
Bucks berömmelse gjorde honom till måltavla för utmaningar och tvivel.

Thornton, proud and calm, stood firm in defending Buck's name.
Thornton, stolt och lugn, stod orubbligt fast vid sitt försvar av Bucks namn.

One man said his dog could pull five hundred pounds with ease.
En man sa att hans hund kunde dra femhundra pund med lätthet.

Another said six hundred, and a third bragged seven hundred.
En annan sa sexhundra, och en tredje skröt om sjuhundra.

"Pfft!" said John Thornton, "Buck can pull a thousand pound sled."

"Pff!" sa John Thornton, "Buck kan dra en släde på tusen pund."

Matthewson, a Bonanza King, leaned forward and challenged him.

Matthewson, en Bonanzakung, lutade sig fram och utmanade honom.

"You think he can put that much weight into motion?"

"Tror du att han kan lägga så mycket vikt i rörelse?"

"And you think he can pull the weight a full hundred yards?"

"Och du tror att han kan dra vikten hela hundra meter?"

Thornton replied coolly, "Yes. Buck is dog enough to do it."

Thornton svarade kyligt: "Ja. Buck är hund nog att göra det."

"He'll put a thousand pounds into motion, and pull it a hundred yards."

"Han sätter tusen pund i rörelse och drar det hundra meter."

Matthewson smiled slowly and made sure all men heard his words.

Matthewson log långsamt och försäkrade sig om att alla män hörde hans ord.

"I've got a thousand dollars that says he can't. There it is."

"Jag har tusen dollar som det står att han inte kan. Där är det."

He slammed a sack of gold dust the size of sausage on the bar.

Han slängde en säck med gulddamm stor som korv på baren.

Nobody said a word. The silence grew heavy and tense around them.

Ingen sa ett ord. Tystnaden blev tung och spänd omkring dem.

Thornton's bluff — if it was one — had been taken seriously.

Thorntons bluff – om det nu var en – hade tagits på allvar.

He felt heat rise in his face as blood rushed to his cheeks.

Han kände hettan stiga i ansiktet medan blodet forsade upp mot kinderna.

His tongue had gotten ahead of his reason in that moment.

Hans tunga hade överträffat hans förnuft i det ögonblicket.

He truly didn't know if Buck could move a thousand pounds.

Han visste verkligen inte om Buck kunde flytta tusen pund.

Half a ton! The size of it alone made his heart feel heavy.

Ett halvt ton! Bara storleken gjorde honom tung i hjärtat.

He had faith in Buck's strength and had thought him capable.

Han hade förtroende för Bucks styrka och hade ansett honom duglig.

But he had never faced this kind of challenge, not like this.

Men han hade aldrig mött den här typen av utmaning, inte som denna.

A dozen men watched him quietly, waiting to see what he'd do.

Ett dussin män iakttog honom tyst och väntade på att se vad han skulle göra.

He didn't have the money—neither did Hans or Pete.

Han hade inte pengarna – inte heller Hans eller Pete.

"I've got a sled outside," said Matthewson coldly and direct.

"Jag har en släde utomhus", sa Matthewson kallt och rättframt.

"It's loaded with twenty sacks, fifty pounds each, all flour.

"Den är lastad med tjugo säckar, femtio pund styck, allt mjöl."

So don't let a missing sled be your excuse now," he added.

Så låt inte en saknad släde bli din ursäkt nu", tillade han.

Thornton stood silent. He didn't know what words to offer.

Thornton stod tyst. Han visste inte vilka ord han skulle säga.

He looked around at the faces without seeing them clearly.

Han tittade sig omkring på ansiktena utan att se dem tydligt.

He looked like a man frozen in thought, trying to restart.

Han såg ut som en man som var fastfrusen i sina tankar och försökte starta om.

Then he saw Jim O'Brien, a friend from the Mastodon days.

Sedan såg han Jim O'Brien, en vän från Mastodont-dagarna.

That familiar face gave him courage he didn't know he had.

Det bekanta ansiktet gav honom ett mod han inte visste att han hade.

He turned and asked in a low voice, "Can you lend me a thousand?"

Han vände sig om och frågade med låg röst: "Kan du låna mig tusen?"

"Sure," said O'Brien, dropping a heavy sack by the gold already.

"Visst", sa O'Brien och släppte redan en tung säck vid guldet.

"But truthfully, John, I don't believe the beast can do this."

"Men ärligt talat, John, jag tror inte att odjuret kan göra det här."

Everyone in the Eldorado Saloon rushed outside to see the event.

Alla i Eldorado Saloon skyndade sig ut för att se evenemanget.

They left tables and drinks, and even the games were paused.

De lämnade bord och drycker, och till och med spelen pausades.

Dealers and gamblers came to witness the bold wager's end.

Dealers och spelare kom för att bevittna det djärva vadets slut.

Hundreds gathered around the sled in the icy open street.

Hundratals samlades runt släden på den isiga öppna gatan.

Matthewson's sled stood with a full load of flour sacks.

Matthewsons släde stod med en full last av mjölsäckar.

The sled had been sitting for hours in minus temperatures.

Kälken hade stått i timmar i minusgrader.

The sled's runners were frozen tight to the packed-down snow.

Kälkens medar var fastfrusna i den hoppackade snön.

Men offered two-to-one odds that Buck could not move the sled.

Männen erbjöd två mot ett-odds på att Buck inte kunde flytta släden.

A dispute broke out about what "break out" really meant.

En tvist utbröt om vad "utbrott" egentligen betydde.

O'Brien said Thornton should loosen the sled's frozen base.

O'Brien sa att Thornton borde lossa slädens frusna botten.

Buck could then "break out" from a solid, motionless start.

Buck kunde sedan "bryta ut" från en stabil, orörlig start.

Matthewson argued the dog must break the runners free too.

Matthewson hävdade att hunden också måste släppa loss löparna.

The men who had heard the bet agreed with Matthewson's view.

Männen som hade hört vadet höll med Matthewsons åsikt.

With that ruling, the odds jumped to three-to-one against Buck.

Med det beslutet steg oddsen till tre mot ett mot Buck.

No one stepped forward to take the growing three-to-one odds.

Ingen klev fram för att acceptera de växande oddsen på tre mot ett.

Not a single man believed Buck could perform the great feat.

Inte en enda man trodde att Buck kunde utföra den stora bedriften.

Thornton had been rushed into the bet, heavy with doubts.

Thornton hade blivit involverad i vadet i hast, tyngd av tvivel.

Now he looked at the sled and the ten-dog team beside it.

Nu tittade han på släden och det tiohunds stora spannet bredvid den.

Seeing the reality of the task made it seem more impossible.

Att se uppgiftens verklighet gjorde den mer omöjlig.

Matthewson was full of pride and confidence in that moment.

Matthewson var full av stolthet och självförtroende i det ögonblicket.

"Three to one!" he shouted. "I'll bet another thousand, Thornton!

"Tre mot ett!" ropade han. "Jag slår vad om tusen till, Thornton!"

What do you say?" he added, loud enough for all to hear.

"Vad säger du?" tillade han, tillräckligt högt för att alla skulle höra.

Thornton's face showed his doubts, but his spirit had risen.

Thorntons ansikte visade hans tvivel, men hans mod hade stigit.

That fighting spirit ignored odds and feared nothing at all.

Den kämparandan ignorerade oddsen och fruktade ingenting alls.

He called Hans and Pete to bring all their cash to the table.

Han ringde Hans och Pete för att de skulle ta med sig alla sina pengar till bordet.

They had little left—only two hundred dollars combined.

De hade inte mycket kvar – bara tvåhundra dollar tillsammans.

This small sum was their total fortune during hard times.

Denna lilla summa var deras totala förmögenhet under svåra tider.

Still, they laid all of the fortune down against Matthewson's bet.

Ändå satsade de hela förmögenheten mot Matthewsons vad.

The ten-dog team was unhitched and moved away from the sled.

Tiohundsspannet kopplades loss och rörde sig bort från släden.

Buck was placed in the reins, wearing his familiar harness.

Buck placerades i tyglarna, iklädd sin välbekanta sele.

He had caught the energy of the crowd and felt the tension.

Han hade fångat publikens energi och känt spänningen.

Somehow, he knew he had to do something for John Thornton.

På något sätt visste han att han var tvungen att göra något för John Thornton.

People murmured with admiration at the dog's proud figure.

Folk mumlade av beundran över hundens stolta figur.

He was lean and strong, without a single extra ounce of flesh.

Han var mager och stark, utan ett enda uns extra kött.

His full weight of hundred fifty pounds was all power and endurance.

Hans fulla vikt på hundrafemtio pund var ren kraft och uthållighet.

Buck's coat gleamed like silk, thick with health and strength.

Bucks päls glänste som siden, tjock av hälsa och styrka.

The fur along his neck and shoulders seemed to lift and bristle.

Pälsen längs hans hals och axlar tycktes lyfta sig och borsta.

His mane moved slightly, each hair alive with his great energy.

Hans man rörde sig lätt, varje hårstrå levde av hans stora energi.

His broad chest and strong legs matched his heavy, tough frame.

Hans breda bröstkorg och starka ben matchade hans tunga, tuffa kroppsbyggnad.

Muscles rippled under his coat, tight and firm as bound iron.

Musklerna krusade sig under hans rock, spända och fasta som bundet järn.

Men touched him and swore he was built like a steel machine.

Män rörde vid honom och svor att han var byggd som en stålmaskin.

The odds dropped slightly to two to one against the great dog.

Oddsen sjönk något till två mot ett mot den fantastiska hunden.

A man from the Skookum Benches pushed forward, stuttering.

En man från Skookum-bänkarna knuffade sig fram, stammande.

"Good, sir! I offer eight hundred for him—before the test, sir!"

"Bra, herrn! Jag erbjuder åttahundra för honom – före provet, herrn!"

"Eight hundred, as he stands right now!" the man insisted.

"Åtta hundra, som han står just nu!" insisterade mannen.

Thornton stepped forward, smiled, and shook his head calmly.

Thornton klev fram, log och skakade lugnt på huvudet.

Matthewson quickly stepped in with a warning voice and frown.

Matthewson ingrep snabbt med varnande röst och rynka pannan.

"You must step away from him," he said. "Give him space."

"Du måste ta ett steg bort från honom", sa han. "Ge honom utrymme."

The crowd grew silent; only gamblers still offered two to one.

Folkmassan blev tyst; endast spelare erbjöd fortfarande två mot ett.

Everyone admired Buck's build, but the load looked too great.

Alla beundrade Bucks kroppsbyggnad, men lasten såg för tung ut.

Twenty sacks of flour—each fifty pounds in weight— seemed far too much.

Tjugo säckar mjöl – vardera femtio pund i vikt – verkade alldeles för mycket.

No one was willing to open their pouch and risk their money.

Ingen var villig att öppna sin påse och riskera sina pengar.

Thornton knelt beside Buck and took his head in both hands.

Thornton knäböjde bredvid Buck och tog hans huvud i båda händerna.

He pressed his cheek against Buck's and spoke into his ear.

Han pressade sin kind mot Bucks och talade i hans öra.

There was no playful shaking or whispered loving insults now.

Det förekom inga lekfulla skakningar eller viskande kärleksfulla förolämpningar nu.

He only murmured softly, "As much as you love me, Buck."

Han mumlade bara mjukt: "Så mycket som du älskar mig, Buck."

Buck let out a quiet whine, his eagerness barely restrained.

Buck släppte ifrån sig ett tyst gnäll, hans iver knappt tyglad.

The onlookers watched with curiosity as tension filled the air.

Åskådarna tittade nyfiket på medan spänning fyllde luften.

The moment felt almost unreal, like something beyond reason.

Ögonblicket kändes nästan overkligt, som något bortom all förnuft.

When Thornton stood, Buck gently took his hand in his jaws.

När Thornton reste sig tog Buck försiktigt hans hand i sina käkar.

He pressed down with his teeth, then let go slowly and gently.

Han tryckte ner med tänderna och släppte sedan taget långsamt och försiktigt.

It was a silent answer of love, not spoken, but understood.

Det var ett tyst svar av kärlek, inte uttalat, men förstått.

Thornton stepped well back from the dog and gave the signal.

Thornton tog ett bra steg tillbaka från hunden och gav signalen.

"Now, Buck," he said, and Buck responded with focused calm.

"Nu, Buck", sa han, och Buck svarade med fokuserat lugn.

Buck tightened the traces, then loosened them by a few inches.

Buck drog åt skenorna och lossade dem sedan några centimeter.

This was the method he had learned; his way to break the sled.

Det här var metoden han hade lärt sig; hans sätt att bryta släden.

"Gee!" Thornton shouted, his voice sharp in the heavy silence.

"Herregud!" ropade Thornton, hans röst skarp i den tunga tystnaden.

Buck turned to the right and lunged with all of his weight.

Buck svängde åt höger och kastade sig fram med all sin vikt.

The slack vanished, and Buck's full mass hit the tight traces.

Slaket försvann, och Bucks fulla massa träffade de snäva spåren.

The sled trembled, and the runners made a crisp crackling sound.

Kälken darrade, och medarna gav ifrån sig ett krispigt knastrande ljud.

"Haw!" Thornton commanded, shifting Buck's direction again.

"Ha!" befallde Thornton och ändrade Bucks riktning igen.

Buck repeated the move, this time pulling sharply to the left.

Buck upprepade rörelsen, den här gången drog han skarpt åt vänster.

The sled cracked louder, the runners snapping and shifting.

Kälken knarrade högre, medarna knäppte och rörde sig.

The heavy load slid slightly sideways across the frozen snow.

Den tunga lasten gled lätt i sidled över den frusna snön.

The sled had broken free from the grip of the icy trail!

Kälken hade lossnat från den isiga ledens grepp!

Men held their breath, unaware they were not even breathing.

Männen höll andan, omedvetna om att de inte ens andades.

"Now, PULL!" Thornton cried out across the frozen silence.

"DRA NU!" ropade Thornton över den frusna tystnaden.

Thornton's command rang out sharp, like the crack of a whip.

Thorntons kommando ljöd skarpt, som ljudet av en piska.

Buck hurled himself forward with a fierce and jarring lunge.

Buck kastade sig framåt med ett våldsamt och skakande utfall.

His whole frame tensed and bunched for the massive strain.

Hela hans kropp spändes och knöts ihop av den massiva påfrestningen.

Muscles rippled under his fur like serpents coming alive.

Musklerna krusade sig under hans päls likt ormar som vaknar till liv.

His great chest was low, head stretched forward toward the sled.

Hans stora bröstkorg var sänkt, huvudet sträckt framåt mot släden.

His paws moved like lightning, claws slicing the frozen ground.

Hans tassar rörde sig som blixten, klor skar den frusna marken.

Grooves were cut deep as he fought for every inch of traction.

Djupa spår skars upp medan han kämpade för varje centimeter av grepp.

The sled rocked, trembled, and began a slow, uneasy motion.

Kälken gungade, darrade och började en långsam, orolig rörelse.

One foot slipped, and a man in the crowd groaned aloud.

En fot halkade, och en man i folkmassan stönade högt.

Then the sled lunged forward in a jerking, rough movement.

Sedan kastade sig släden framåt i en ryckig, grov rörelse.

It didn't stop again—half an inch...an inch...two inches more.

Det stannade inte igen – en halv tum... en tum... två tum till.

The jerks became smaller as the sled began to gather speed.

Ryckningarna blev mindre allt eftersom släden började öka i fart.

Soon Buck was pulling with smooth, even, rolling power.

Snart drog Buck med mjuk, jämn, rullande kraft.

Men gasped and finally remembered to breathe again.

Männen kippade efter andan och kom äntligen ihåg att andas igen.

They had not noticed their breath had stopped in awe.

De hade inte märkt att deras andedräkt hade upphört i vördnad.

Thornton ran behind, calling out short, cheerful commands.

Thornton sprang bakom och ropade korta, glada befallningar.

Ahead was a stack of firewood that marked the distance.

Framför låg en hög med ved som markerade avståndet.

As Buck neared the pile, the cheering grew louder and louder.

När Buck närmade sig högen blev jublet högre och högre.

The cheering swelled into a roar as Buck passed the end point.

Jublet svällde till ett vrål när Buck passerade slutpunkten.

Men jumped and shouted, even Matthewson broke into a grin.

Män hoppade och skrek, till och med Matthewson brast ut i ett flin.

Hats flew into the air, mittens were tossed without thought or aim.

Hattar flög upp i luften, vantar kastades utan tanke eller sikte.

Men grabbed each other and shook hands without knowing who.

Männen grep tag i varandra och skakade hand utan att veta vem.

The whole crowd buzzed in wild, joyful celebration.

Hela folkmassan surrade av vilt, glädjefyllt jubel.

Thornton dropped to his knees beside Buck with trembling hands.

Thornton föll ner på knä bredvid Buck med darrande händer.

He pressed his head to Buck's and shook him gently back and forth.

Han tryckte sitt huvud mot Bucks och skakade honom försiktigt fram och tillbaka.

Those who approached heard him curse the dog with quiet love.

De som närmade sig hörde honom förbanna hunden med stillsam kärlek.

He swore at Buck for a long time—softly, warmly, with emotion.

Han svor åt Buck länge – mjukt, varmt, med känslor.

"Good, sir! Good, sir!" cried the Skookum Bench king in a rush.

"Bra, herrn! Bra, herrn!" ropade Skookum-bänkskungen i all hast.

"I'll give you a thousand—no, twelve hundred—for that dog, sir!"

"Jag ger er tusen – nej, tolvhundra – för den där hunden, herrn!"

Thornton rose slowly to his feet, his eyes shining with emotion.

Thornton reste sig långsamt upp, hans ögon lyste av känslor.

Tears streamed openly down his cheeks without any shame.

Tårar strömmade öppet nerför hans kinder utan någon skam.

"Sir," he said to the Skookum Bench king, steady and firm

"Herre", sade han till kungen av Skookum-bänken, stadig och bestämd

"No, sir. You can go to hell, sir. That's my final answer."

"Nej, sir. Ni kan dra åt helvete, sir. Det är mitt slutgiltiga svar."

Buck grabbed Thornton's hand gently in his strong jaws.

Buck grep försiktigt Thorntons hand med sina starka käkar.

Thornton shook him playfully, their bond deep as ever.

Thornton skakade honom lekfullt, deras band var lika djupt som alltid.

The crowd, moved by the moment, stepped back in silence.

Folkmassan, berörd av ögonblicket, tog ett tyst steg tillbaka.

From then on, none dared interrupt such sacred affection.

Från och med då vågade ingen avbryta sådan helig tillgivenhet.

The Sound of the Call
Ljudet av samtalet

Buck had earned sixteen hundred dollars in five minutes.
Buck hade tjänat sextonhundra dollar på fem minuter.
The money let John Thornton pay off some of his debts.
Pengarna lät John Thornton betala av en del av sina skulder.
With the rest of the money he headed East with his partners.
Med resten av pengarna begav han sig österut med sina
partners.
They sought a fabled lost mine, as old as the country itself.
De sökte efter en sägenomspunnen förlorad gruva, lika
gammal som landet självt.
**Many men had looked for the mine, but few had ever found
it.**
Många män hade letat efter gruvan, men få hade någonsin
hittat den.
**More than a few men had vanished during the dangerous
quest.**
Mer än ett fåtal män hade försvunnit under den farliga jakten.
**This lost mine was wrapped in both mystery and old
tragedy.**
Denna förlorade gruva var insvept i både mystik och gammal
tragedi.
No one knew who the first man to find the mine had been.
Ingen visste vem den första mannen som hittade gruvan hade
varit.
The oldest stories don't mention anyone by name.
De äldsta berättelserna nämner ingen vid namn.
There had always been an ancient ramshackle cabin there.
Där hade alltid funnits en gammal fallfärdig stuga.
**Dying men had sworn there was a mine next to that old
cabin.**
Döende män hade svurit att det fanns en gruva bredvid den
gamla stugan.
**They proved their stories with gold like none found
elsewhere.**

De bevisade sina historier med guld som inget annat finns.
No living soul had ever looted the treasure from that place.
Ingen levande själ hade någonsin plundrat skatten från den platsen.
The dead were dead, and dead men tell no tales.
De döda var döda, och döda män berättar inga historier.
So Thornton and his friends headed into the East.
Så Thornton och hans vänner begav sig österut.
Pete and Hans joined, bringing Buck and six strong dogs.
Pete och Hans anslöt sig, medförande Buck och sex starka hundar.
They set off down an unknown trail where others had failed.
De gav sig av in på en okänd stig där andra hade misslyckats.
They sledded seventy miles up the frozen Yukon River.
De åkte kälk drygt sju mil uppför den frusna Yukonfloden.
They turned left and followed the trail into the Stewart.
De svängde vänster och följde leden in i Stewart.
They passed the Mayo and McQuestion, pressing farther on.
De passerade Mayo och McQuestion och fortsatte vidare.
The Stewart shrank into a stream, threading jagged peaks.
Stewartfloden krympte in i en bäck och släpade sig längs spetsiga toppar.
These sharp peaks marked the very spine of the continent.
Dessa vassa toppar markerade själva kontinentens ryggrad.
John Thornton demanded little from men or the wild land.
John Thornton krävde föga av människor eller det vilda landskapet.
He feared nothing in nature and faced the wild with ease.
Han fruktade ingenting i naturen och mötte vildmarken med lätthet.
With only salt and a rifle, he could travel where he wished.
Med bara salt och ett gevär kunde han resa vart han ville.
Like the natives, he hunted food while he journeyed along.
Liksom infödingarna jagade han mat medan han färdades.
If he caught nothing, he kept going, trusting luck ahead.
Om han inte fångade något fortsatte han och litade på turen.

On this long journey, meat was the main thing they ate.
På denna långa resa var kött det viktigaste de åt.
The sled held tools and ammo, but no strict timetable.
Släden innehöll verktyg och ammunition, men inget strikt tidtabell.
Buck loved this wandering; the endless hunt and fishing.
Buck älskade detta irrande; den oändliga jakten och fisket.
For weeks they were traveling day after steady day.
I veckor reste de dag efter stadig dag.
Other times they made camps and stayed still for weeks.
Andra gånger slog de läger och stannade stilla i veckor.
The dogs rested while the men dug through frozen dirt.
Hundarna vilade medan männen grävde genom frusen jord.
They warmed pans over fires and searched for hidden gold.
De värmde pannor över eldar och letade efter gömt guld.
Some days they starved, and some days they had feasts.
Vissa dagar svalt de, och andra dagar hade de fester.
Their meals depended on the game and the luck of the hunt.
Deras måltider berodde på viltet och jaktturen.
When summer came, men and dogs packed loads on their backs.
När sommaren kom packade män och hundar bördor på sina ryggar.
They rafted across blue lakes hidden in mountain forests.
De forsrännade över blå sjöar gömda i bergskogar.
They sailed slim boats on rivers no man had ever mapped.
De seglade smala båtar på floder som ingen människa någonsin hade kartlagt.
Those boats were built from trees they sawed in the wild.
De där båtarna byggdes av träd som de sågade i naturen.

The months passed, and they twisted through the wild unknown lands.
Månaderna gick, och de slingrade sig genom de vilda okända länderna.
There were no men there, yet old traces hinted that men had been.

Det fanns inga män där, men gamla spår antydde att det hade funnits män.

If the Lost Cabin was real, then others had once come this way.

Om den förlorade stugan var verklig, så hade andra en gång kommit hit.

They crossed high passes in blizzards, even during the summer.

De korsade höga pass i snöstormar, även under sommaren.

They shivered under the midnight sun on bare mountain slopes.

De huttrade under midnattssolen på kala bergssluttningar.

Between the treeline and the snowfields, they climbed slowly.

Mellan trädgränsen och snöfälten klättrade de långsamt.

In warm valleys, they swatted at clouds of gnats and flies.

I varma dalar slog de mot moln av knott och flugor.

They picked sweet berries near glaciers in full summer bloom.

De plockade söta bär nära glaciärer i full sommarblomning.

The flowers they found were as lovely as those in the Southland.

Blommorna de hittade var lika vackra som de i Söderlandet.

That fall they reached a lonely region filled with silent lakes.

Den hösten nådde de en enslig region fylld med tysta sjöar.

The land was sad and empty, once alive with birds and beasts.

Landet var sorgset och tomt, en gång levt av fåglar och djur.

Now there was no life, just the wind and ice forming in pools.

Nu fanns det inget liv, bara vinden och isen som bildades i pölar.

Waves lapped against empty shores with a soft, mournful sound.

Vågor sköljde mot tomma stränder med ett mjukt, sorgset ljud.

Another winter came, and they followed faint, old trails again.

Ännu en vinter kom, och de följde återigen svaga, gamla stigar.

These were the trails of men who had searched long before them.

Dessa var spåren efter män som hade sökt långt före dem.

Once they found a path cut deep into the dark forest.

En gång hittade de en stig djupt in i den mörka skogen.

It was an old trail, and they felt the lost cabin was close.

Det var en gammal stig, och de kände att den förlorade stugan var nära.

But the trail led nowhere and faded into the thick woods.

Men stigen ledde ingenstans och bleknade bort in i den täta skogen.

Whoever made the trail, and why they made it, no one knew.

Vem som än gjorde leden, och varför de gjorde den, visste ingen.

Later, they found the wreck of a lodge hidden among the trees.

Senare hittade de vraket av en stuga gömd bland träden.

Rotting blankets lay scattered where someone once had slept.

Ruttnande filtar låg utspridda där någon en gång hade sovit.

John Thornton found a long-barreled flintlock buried inside.

John Thornton hittade ett flintlås med lång pipa begravt inuti.

He knew this was a Hudson Bay gun from early trading days.

Han visste att detta var en Hudson Bay-kanon från tidiga handelsdagar.

In those days such guns were traded for stacks of beaver skins.

På den tiden byttes sådana vapen mot högar av bäverskinn.

That was all—no clue remained of the man who built the lodge.

Det var allt – ingen ledtråd återstod om mannen som byggt stugan.

Spring came again, and they found no sign of the Lost Cabin.
Våren kom igen, och de fann inga tecken på den Försvunna Stugan.
Instead they found a broad valley with a shallow stream.
Istället fann de en bred dal med en grund bäck.
Gold lay across the pan bottoms like smooth, yellow butter.
Guld låg över pannbottnarna som slätt, gult smör.
They stopped there and searched no farther for the cabin.
De stannade där och letade inte längre efter stugan.
Each day they worked and found thousands in gold dust.
Varje dag arbetade de och fann tusentals i gulddamm.
They packed the gold in bags of moose-hide, fifty pounds each.
De packade guldet i påsar med älgskinn, femtio pund styck.
The bags were stacked like firewood outside their small lodge.
Väskorna var staplade som ved utanför deras lilla stuga.
They worked like giants, and the days passed like quick dreams.
De arbetade som jättar, och dagarna gick som snabba drömmar.
They heaped up treasure as the endless days rolled swiftly by.
De samlade skatter medan de oändliga dagarna snabbt rann förbi.
There was little for the dogs to do except haul meat now and then.
Det fanns inte mycket för hundarna att göra förutom att bära kött då och då.
Thornton hunted and killed the game, and Buck lay by the fire.
Thornton jagade och dödade viltet, och Buck låg vid elden.
He spent long hours in silence, lost in thought and memory.

Han tillbringade långa timmar i tystnad, försjunken i tankar och minnen.

The image of the hairy man came more often into Buck's mind.

Bilden av den hårige mannen dök upp allt oftare i Bucks sinne.

Now that work was scarce, Buck dreamed while blinking at the fire.

Nu när arbetet var knappt, drömde Buck medan han blinkade mot elden.

In those dreams, Buck wandered with the man in another world.

I de drömmarna vandrade Buck med mannen i en annan värld.

Fear seemed the strongest feeling in that distant world.

Rädsla verkade vara den starkaste känslan i den avlägsna världen.

Buck saw the hairy man sleep with his head bowed low.

Buck såg den hårige mannen sova med huvudet sänkt.

His hands were clasped, and his sleep was restless and broken.

Hans händer var knäppta, och hans sömn var orolig och avbruten.

He used to wake with a start and stare fearfully into the dark.

Han brukade vakna med ett ryck och stirra förskräckt in i mörkret.

Then he'd toss more wood onto the fire to keep the flame bright.

Sedan kastade han mer ved på elden för att hålla lågan stark.

Sometimes they walked along a beach by a gray, endless sea.

Ibland promenerade de längs en strand vid ett grått, oändligt hav.

The hairy man picked shellfish and ate them as he walked.

Den hårige mannen plockade skaldjur och åt dem medan han gick.

His eyes searched always for hidden dangers in the shadows.

Hans ögon sökte alltid efter dolda faror i skuggorna.

His legs were always ready to sprint at the first sign of threat.

Hans ben var alltid redo att spurta vid första tecken på hot.

They crept through the forest, silent and wary, side by side.

De smög genom skogen, tysta och vaksamma, sida vid sida.

Buck followed at his heels, and both of them stayed alert.

Buck följde i hans hästar, och båda förblev vaksamma.

Their ears twitched and moved, their noses sniffed the air.

Deras öron ryckte och rörde sig, deras näsor sniffade i luften.

The man could hear and smell the forest as sharply as Buck.

Mannen kunde höra och känna lukten av skogen lika skarpt som Buck.

The hairy man swung through the trees with sudden speed.

Den hårige mannen svängde sig genom träden med plötslig hastighet.

He leapt from branch to branch, never missing his grip.

Han hoppade från gren till gren och tappade aldrig greppet.

He moved as fast above the ground as he did upon it.

Han rörde sig lika snabbt ovanför marken som han gjorde på den.

Buck remembered long nights beneath the trees, keeping watch.

Buck mindes långa nätter under träden, där han höll vakt.

The man slept roosting in the branches, clinging tight.

Mannen sov och hvilade i grenarna och klamrade sig hårt fast.

This vision of the hairy man was tied closely to the deep call.

Denna syn av den hårige mannen var nära knuten till det djupa kallet.

The call still sounded through the forest with haunting force.

Ropet ljöd fortfarande genom skogen med spöklik kraft.

The call filled Buck with longing and a restless sense of joy.

Samtalet fyllde Buck med längtan och en rastlös känsla av glädje.

He felt strange urges and stirrings that he could not name.

Han kände märkliga drifter och impulser som han inte kunde namnge.

Sometimes he followed the call deep into the quiet woods.

Ibland följde han kallelsen djupt in i den tysta skogen.

He searched for the calling, barking softly or sharply as he went.

Han sökte efter ropet och skällde mjukt eller skarpt allt eftersom han gick.

He sniffed the moss and black soil where the grasses grew.

Han luktade på mossan och den svarta jorden där gräset växte.

He snorted with delight at the rich smells of the deep earth.

Han fnös av förtjusning åt de rika dofterna från den djupa jorden.

He crouched for hours behind trunks covered in fungus.

Han hukade sig i timmar bakom stammar täckta av svamp.

He stayed still, listening wide-eyed to every tiny sound.

Han stod stilla och lyssnade med stora ögon på varje litet ljud.

He may have hoped to surprise the thing that gave the call.

Han kanske hoppades kunna överraska den sak som ringde.

He did not know why he acted this way — he simply did.

Han visste inte varför han agerade så här – han bara gjorde det.

The urges came from deep within, beyond thought or reason.

Driften kom djupt inifrån, bortom tanke eller förnuft.

Irresistible urges took hold of Buck without warning or reason.

Oemotståndliga drifter grep tag i Buck utan förvarning eller anledning.

At times he was dozing lazily in camp under the midday heat.

Ibland slumrade han lojt i lägret i middagsvärmen.

Suddenly, his head lifted and his ears shoot up alert.

Plötsligt lyftes hans huvud och hans öron skjuter i höjden.

Then he sprang up and dash into the wild without pause.

Sedan sprang han upp och rusade ut i vildmarken utan att stanna.

He ran for hours through forest paths and open spaces.

Han sprang i timmar genom skogsstigar och öppna ytor.

He loved to follow dry creek beds and spy on birds in the trees.

Han älskade att följa torra bäckfåror och spionera på fåglar i träden.

He could lie hidden all day, watching partridges strut around.

Han kunde ligga gömd hela dagen och titta på rapphöns som spatserade omkring.

They drummed and marched, unaware of Buck's still presence.

De trummade och marscherade, omedvetna om Bucks stilla närvaro.

But what he loved most was running at twilight in summer.

Men det han älskade mest var att springa i skymningen på sommaren.

The dim light and sleepy forest sounds filled him with joy.

Det svaga ljuset och de sömniga skogsljuden fyllde honom med glädje.

He read the forest signs as clearly as a man reads a book.

Han läste skogens tecken lika tydligt som en man läser en bok.

And he searched always for the strange thing that called him.

Och han sökte alltid efter den märkliga saken som kallade på honom.

That calling never stopped—it reached him waking or sleeping.

Den kallelsen upphörde aldrig – den nådde honom vaken eller sovande.

One night, he woke with a start, eyes sharp and ears high.

En natt vaknade han ryckte till, med skarpa ögon och höga öron.

His nostrils twitched as his mane stood bristling in waves.

Hans näsborrar ryckte till medan hans man stod borstig i vågor.

From deep in the forest came the sound again, the old call.

Från djupet av skogen kom ljudet igen, det gamla ropet.

This time the sound rang clearly, a long, haunting, familiar howl.

Den här gången ljöd ljudet tydligt, ett långt, spöklikt, bekant ylande.

It was like a husky's cry, but strange and wild in tone.

Det var som en huskys rop, men konstigt och vilt i tonen.

Buck knew the sound at once — he had heard the exact sound long ago.

Buck kände igen ljudet genast – han hade hört exakt det ljudet för länge sedan.

He leapt through camp and vanished swiftly into the woods.

Han hoppade genom lägret och försvann snabbt in i skogen.

As he neared the sound, he slowed and moved with care.

När han närmade sig ljudet saktade han ner och rörde sig försiktigt.

Soon he reached a clearing between thick pine trees.

Snart nådde han en glänta mellan täta tallar.

There, upright on its haunches, sat a tall, lean timber wolf.

Där, upprätt på bakbenen, satt en lång, mager skogsvarg.

The wolf's nose pointed skyward, still echoing the call.

Vargens nos pekade mot himlen, fortfarande ekande av ropet.

Buck had made no sound, yet the wolf stopped and listened.

Buck hade inte låtit ifrån sig något ljud, ändå stannade vargen och lyssnade.

Sensing something, the wolf tensed, searching the darkness.

Vargen kände något, spände sig och sökte i mörkret.

Buck crept into view, body low, feet quiet on the ground.

Buck smög sig in i sikte, med låg kropp och fötterna tysta på marken.

His tail was straight, his body coiled tight with tension.

Hans svans var rak, hans kropp spänd av spänning.

He showed both threat and a kind of rough friendship.

Han visade både hot och ett slags rå vänskap.

It was the wary greeting shared by beasts of the wild.

Det var den försiktiga hälsning som delas av vilda djur.

But the wolf turned and fled as soon as it saw Buck.

Men vargen vände sig om och flydde så fort den såg Buck.

Buck gave chase, leaping wildly, eager to overtake it.

Buck jagade efter den, hoppade vilt, ivrig att hinna om den.

He followed the wolf into a dry creek blocked by a timber jam.

Han följde vargen in i en torr bäck som var blockerad av en timmerstockning.

Cornered, the wolf spun around and stood its ground.

Inträngd i ett hörn snurrade vargen om och stod fast.

The wolf snarled and snapped like a trapped husky dog in a fight.

Vargen morrade och fräste som en instängd huskyhund i ett slagsmål.

The wolf's teeth clicked fast, its body bristling with wild fury.

Vargens tänder klickade snabbt, dess kropp borstade av vild ursinne.

Buck did not attack but circled the wolf with careful friendliness.

Buck attackerade inte utan gick omgivande runt vargen med försiktig vänlighet.

He tried to block his escape by slow, harmless movements.

Han försökte hindra sin flykt med långsamma, ofarliga rörelser.

The wolf was wary and scared — Buck outweighed him three times.

Vargen var vaksam och rädd – Buck var tre gånger starkare än honom.

The wolf's head barely reached up to Buck's massive shoulder.

Vargens huvud nådde knappt upp till Bucks massiva axel.

Watching for a gap, the wolf bolted and the chase began again.

Vargen spanade efter en lucka, flydde och jakten började igen.

Several times Buck cornered him, and the dance repeated.

Flera gånger trängde Buck honom in i ett hörn, och dansen upprepade sig.

The wolf was thin and weak, or Buck could not have caught him.

Vargen var mager och svag, annars kunde Buck inte ha fångat honom.

Each time Buck drew near, the wolf spun and faced him in fear.

Varje gång Buck närmade sig snurrade vargen runt och mötte honom i rädsla.

Then at the first chance, he dashed off into the woods once more.

Sedan, vid första chansen, rusade han iväg in i skogen igen.

But Buck did not give up, and finally the wolf came to trust him.

Men Buck gav inte upp, och till slut började vargen lita på honom.

He sniffed Buck's nose, and the two grew playful and alert.

Han snörvlade Bucks näsa, och de två blev lekfulla och vaksamma.

They played like wild animals, fierce yet shy in their joy.

De lekte som vilda djur, vildsinta men blyga i sin glädje.

After a while, the wolf trotted off with calm purpose.

Efter en stund travade vargen iväg med lugnt och avsiktligt.

He clearly showed Buck that he meant to be followed.

Han visade tydligt Buck att han ville bli förföljd.

They ran side by side through the twilight gloom.

De sprang sida vid sida genom skymningsmörkret.

They followed the creek bed up into the rocky gorge.

De följde bäckfåran upp i den klippiga ravinen.

They crossed a cold divide where the stream had begun.

De korsade en kall klyfta där strömmen hade börjat.

On the far slope they found wide forest and many streams.

På den bortre sluttningen fann de vidsträckt skog och många bäckar.

Through this vast land, they ran for hours without stopping.

Genom detta vidsträckta land sprang de i timmar utan att stanna.

The sun rose higher, the air grew warm, but they ran on.

Solen steg högre, luften blev varmare, men de sprang vidare.

Buck was filled with joy—he knew he was answering his calling.

Buck var fylld av glädje – han visste att han svarade på sitt kall.

He ran beside his forest brother, closer to the call's source.

Han sprang bredvid sin skogsbror, närmare källan till samtalet.

Old feelings returned, powerful and hard to ignore.

Gamla känslor återvände, starka och svåra att ignorera.

These were the truths behind the memories from his dreams.

Det här var sanningarna bakom minnena från hans drömmar.

He had done all this before in a distant and shadowy world.

Han hade gjort allt detta förut i en avlägsen och skuggig värld.

Now he did this again, running wild with the open sky above.

Nu gjorde han detta igen, och sprang vilt med den öppna himlen ovanför.

They stopped at a stream to drink from the cold flowing water.

De stannade vid en bäck för att dricka av det kalla, strömmande vattnet.

As he drank, Buck suddenly remembered John Thornton.

Medan han drack kom Buck plötsligt ihåg John Thornton.

He sat down in silence, torn by the pull of loyalty and the calling.

Han satte sig ner i tystnad, sliten av lojalitetens och kallelsens dragningskraft.

The wolf trotted on, but came back to urge Buck forward.

Vargen travade vidare, men kom tillbaka för att mana Buck framåt.

He sniffed his nose and tried to coax him with soft gestures.

Han snörvlade på näsan och försökte locka honom med mjuka gester.

But Buck turned around and started back the way he came.

Men Buck vände sig om och började gå tillbaka samma väg som han kommit.

The wolf ran beside him for a long time, whining quietly.

Vargen sprang bredvid honom en lång stund och gnällde tyst.

Then he sat down, raised his nose, and let out a long howl.

Sedan satte han sig ner, höjde på näsan och släppte ut ett långt ylande.

It was a mournful cry, softening as Buck walked away.

Det var ett sorgset skrik som mjuknade när Buck gick därifrån.

Buck listened as the sound of the cry faded slowly into the forest silence.

Buck lyssnade medan ljudet av ropet långsamt försvann in i skogens tystnad.

John Thornton was eating dinner when Buck burst into the camp.

John Thornton åt middag när Buck stormade in i lägret.

Buck leapt upon him wildly, licking, biting, and tumbling him.

Buck hoppade vilt på honom, slickade, bet och fällde honom.

He knocked him over, scrambled on top, and kissed his face.

Han välte honom, klättrade upp på honom och kysste honom i ansiktet.

Thornton called this "playing the general tom-fool" with affection.

Thornton kallade detta att "spela den allmänna dåren" med tillgivenhet.

All the while, he cursed Buck gently and shook him back and forth.

Hela tiden förbannade han Buck milt och skakade honom fram och tillbaka.

For two whole days and nights, Buck never left the camp once.

I två hela dagar och nätter lämnade Buck inte lägret en enda gång.

He kept close to Thornton and never let him out of his sight.

Han höll sig nära Thornton och släppte honom aldrig ur sikte.

He followed him as he worked and watched him while he ate.

Han följde honom medan han arbetade och iakttog honom medan han åt.

He saw Thornton into his blankets at night and out each morning.

Han såg Thornton ligga nere i sina filtar på natten och vara ute varje morgon.

But soon the forest call returned, louder than ever before.

Men snart återvände skogens rop, högre än någonsin förr.

Buck grew restless again, stirred by thoughts of the wild wolf.

Buck blev rastlös igen, upprörd av tankar på den vilda vargen.

He remembered the open land and running side by side.

Han mindes det öppna landskapet och att de sprang sida vid sida.

He began wandering into the forest once more, alone and alert.

Han började vandra in i skogen igen, ensam och vaken.

But the wild brother did not return, and the howl was not heard.

Men den vilde brodern återvände inte, och ylandet hördes inte.

Buck started sleeping outside, staying away for days at a time.

Buck började sova utomhus och höll sig borta i flera dagar i sträck.

Once he crossed the high divide where the creek had begun.

En gång korsade han den höga klyftan där bäcken hade börjat.

He entered the land of dark timber and wide flowing streams.

Han kom in i det mörka skogslandet och de vida, strömmande bäckarna.

For a week he roamed, searching for signs of the wild brother.

I en vecka vandrade han omkring och letade efter tecken på den vilde brodern.

He killed his own meat and travelled with long, tireless strides.

Han dödade sitt eget kött och färdades med långa, outtröttliga steg.

He fished for salmon in a wide river that reached the sea.

Han fiskade lax i en bred älv som nådde havet.

There, he fought and killed a black bear maddened by bugs.

Där kämpade han mot och dödade en svartbjörn som var galen av insekter.

The bear had been fishing and ran blindly through the trees.

Björnen hade fiskat och sprang i blindo genom träden.

The battle was a fierce one, waking Buck's deep fighting spirit up.

Striden var hård och väckte Bucks djupa kampanda.

Two days later, Buck returned to find wolverines at his kill.

Två dagar senare återvände Buck och fann järvar vid sitt byte.

A dozen of them quarreled over the meat in noisy fury.

Ett dussin av dem grälade om köttet i högljudd ursinne.

Buck charged and scattered them like leaves in the wind.

Buck anföll och spred dem som löv i vinden.

Two wolves remained behind—silent, lifeless, and unmoving forever.

Två vargar blev kvar – tysta, livlösa och orörliga för evigt.

The thirst for blood grew stronger than ever.

Blodstörsten blev starkare än någonsin.

Buck was a hunter, a killer, feeding off living creatures.

Buck var en jägare, en mördare, som livnärde sig på levande varelser.

He survived alone, relying on his strength and sharp senses.

Han överlevde ensam, förlitande på sin styrka och sina skarpa sinnen.

He thrived in the wild, where only the toughest could live.

Han trivdes i det vilda, där bara de tuffaste fick leva.

From this, a great pride rose up and filled Buck's whole being.

Ur detta steg en stor stolthet upp och fyllde hela Bucks varelse.

His pride showed in his every step, in the ripple of every muscle.

Hans stolthet syntes i varje steg, i varje muskels krusning.

His pride was as clear as speech, seen in how he carried himself.

Hans stolthet var lika tydlig som tal, vilket syntes i hur han bar sig.

Even his thick coat looked more majestic and gleamed brighter.

Till och med hans tjocka päls såg majestätiskare ut och glänste starkare.

Buck could have been mistaken for a giant timber wolf.

Buck kunde ha misstagits för en gigantisk skogsvarg.

Except for brown on his muzzle and spots above his eyes.

Förutom brunt på nosen och fläckar ovanför ögonen.

And the white streak of fur that ran down the middle of his chest.

Och den vita pälsstrimman som löpte ner längs mitten av hans bröst.

He was even larger than the biggest wolf of that fierce breed.

Han var till och med större än den största vargen av den vildsint rasen.

His father, a St. Bernard, gave him size and heavy frame.

Hans far, en sankt bernhardshund, gav honom storlek och kraftig kroppsbyggnad.

His mother, a shepherd, shaped that bulk into wolf-like form.

Hans mor, en herde, formade den där massan till en vargliknande skepnad.

He had the long muzzle of a wolf, though heavier and broader.

Han hade en vargs långa nosparti, fast tyngre och bredare.

His head was a wolf's, but built on a massive, majestic scale.

Hans huvud var en vargs, men byggt i en massiv, majestätisk skala.

Buck's cunning was the cunning of the wolf and of the wild.

Bucks slughet var vargens och vildmarkens slughet.

His intelligence came from both the German Shepherd and St. Bernard.

Hans intelligens kom från både schäfern och sankt bernhard.

All this, plus harsh experience, made him a fearsome creature.

Allt detta, plus hårda erfarenheter, gjorde honom till en fruktad varelse.

He was as formidable as any beast that roamed the northern wild.

Han var lika formidabel som alla andra bestar som strövade omkring i den norra vildmarken.

Living only on meat, Buck reached the full peak of his strength.

Buck levde enbart på kött och nådde sin fulla topp.

He overflowed with power and male force in every fiber of him.

Han flödade över av kraft och manlig kraft i varje fiber av honom.

When Thornton stroked his back, the hairs sparked with energy.

När Thornton strök honom över ryggen glittrade hårstråna av energi.

Each hair crackled, charged with the touch of living magnetism.

Varje hårstrå knastrade, laddat med en levande magnetism.

His body and brain were tuned to the finest possible pitch.

Hans kropp och hjärna var inställda på finaste möjliga tonhöjd.

Every nerve, fiber, and muscle worked in perfect harmony.

Varje nerv, fiber och muskel fungerade i perfekt harmoni.

To any sound or sight needing action, he responded instantly.

På varje ljud eller syn som krävde åtgärd reagerade han omedelbart.

If a husky leaped to attack, Buck could leap twice as fast.

Om en husky hoppade för att attackera, kunde Buck hoppa dubbelt så snabbt.

He reacted quicker than others could even see or hear.

Han reagerade snabbare än andra ens kunde se eller höra.

Perception, decision, and action all came in one fluid moment.

Uppfattning, beslut och handling kom allt i ett flytande ögonblick.

In truth, these acts were separate, but too fast to notice.

I själva verket var dessa handlingar separata, men för snabba för att märkas.

So brief were the gaps between these acts, they seemed as one.

Så korta var mellanrummen mellan dessa handlingar att de verkade som en enda.

His muscles and being was like tightly coiled springs.

Hans muskler och varelse var som hårt spiralformade fjädrar.

His body surged with life, wild and joyful in its power.

Hans kropp böljade av liv, vild och glädjefylld i sin kraft.

At times he felt like the force was going to burst out of him entirely.

Ibland kändes det som om kraften skulle bryta ur honom helt.

"Never was there such a dog," Thornton said one quiet day.

"Det har aldrig funnits en sådan hund", sa Thornton en lugn dag.

The partners watched Buck striding proudly from the camp.

Partnerna såg Buck stolt komma ut ur lägret.

"When he was made, he changed what a dog can be," said Pete.

"När han blev skapad förändrade han vad en hund kan vara", sa Pete.

"By Jesus! I think so myself," Hans quickly agreed.

"Vid Jesus! Jag tror det själv", höll Hans snabbt med.

They saw him march off, but not the change that came after.

De såg honom marschera iväg, men inte förändringen som kom efteråt.

As soon as he entered the woods, Buck transformed completely.

Så fort han kom in i skogen förvandlades Buck fullständigt.

He no longer marched, but moved like a wild ghost among trees.

Han marscherade inte längre, utan rörde sig som ett vilt spöke bland träden.

He became silent, cat-footed, a flicker passing through shadows.

Han blev tyst, kattfotad, en flimmer som for genom skuggorna.

He used cover with skill, crawling on his belly like a snake.

Han täckte sig skickligt och kröp på magen som en orm.

And like a snake, he could leap forward and strike in silence.

Och likt en orm kunde han hoppa fram och slå till i tystnad.

He could steal a ptarmigan straight from its hidden nest.

Han kunde stjäla en ripa direkt från dess gömda bo.

He killed sleeping rabbits without a single sound.

Han dödade sovande kaniner utan ett enda ljud.

He could catch chipmunks midair as they fled too slowly.

Han kunde fånga jordekorrar mitt i luften eftersom de flydde för långsamt.

Even fish in pools could not escape his sudden strikes.

Inte ens fiskar i pölar kunde undkomma hans plötsliga hugg.

Not even clever beavers fixing dams were safe from him.

Inte ens smarta bävrar som lagade dammar var säkra för honom.

He killed for food, not for fun—but liked his own kills best.

Han dödade för mat, inte för skojs skull – men gillade sina egna mord mest.

Still, a sly humor ran through some of his silent hunts.

Ändå genomsyrades en lömsk humor av några av hans tysta jakter.

He crept up close to squirrels, only to let them escape.

Han kröp nära ekorrarna, bara för att låta dem fly.

They were going to flee to the trees, chattering in fearful outrage.

De skulle fly till träden, pladdrande av skräckslagen upprördhet.

As fall came, moose began to appear in greater numbers.

När hösten kom började älgar dyka upp i större antal.

They moved slowly into the low valleys to meet the winter.

De rörde sig långsamt in i de låga dalarna för att möta vintern.

Buck had already brought down one young, stray calf.

Buck hade redan fällt en ung, vilsekommen kalv.

But he longed to face larger, more dangerous prey.

Men han längtade efter att möta större, farligare byte.

One day on the divide, at the creek's head, he found his chance.

En dag vid skiljevägen, vid bäckens mynning, fann han sin chans.

A herd of twenty moose had crossed from forested lands.

En flock på tjugo älgar hade korsat från skogsmarker.

Among them was a mighty bull; the leader of the group.

Bland dem fanns en mäktig tjur; gruppens ledare.

The bull stood over six feet tall and looked fierce and wild.

Tjuren var över två meter hög och såg vild och stark ut.

He tossed his wide antlers, fourteen points branching outward.

Han slängde sina breda horn, fjorton spetsar förgrenade sig utåt.

The tips of those antlers stretched seven feet across.

Spetsarna på dessa horn sträckte sig två och en halv meter breda.

His small eyes burned with rage as he spotted Buck nearby.

Hans små ögon brann av ilska när han fick syn på Buck i närheten.

He let out a furious roar, trembling with fury and pain.

Han släppte ifrån sig ett ursinnigt vrål, darrande av ilska och smärta.

An arrow-end stuck out near his flank, feathered and sharp.

En pilspets stack ut nära hans flank, befjädrad och vass.

This wound helped explain his savage, bitter mood.

Detta sår bidrog till att förklara hans vilda, bittra humör.

Buck, guided by ancient hunting instinct, made his move.

Buck, vägledd av uråldrig jaktinstinkt, gjorde sitt ryck.

He aimed to separate the bull from the rest of the herd.

Han siktade på att separera tjuren från resten av flocken.

This was no easy task — it took speed and fierce cunning.

Detta var ingen lätt uppgift – det krävdes snabbhet och skarp list.

He barked and danced near the bull, just out of range.

Han skällde och dansade nära tjuren, precis utom räckhåll.

The moose lunged with huge hooves and deadly antlers.

Älgen gjorde utfall med enorma hovar och dödliga horn.

One blow could have ended Buck's life in a heartbeat.

Ett enda slag kunde ha avslutat Bucks liv på ett ögonblick.

Unable to leave the threat behind, the bull grew mad.

Oförmögen att lämna hotet bakom sig blev tjuren galen.

He charged in fury, but Buck always slipped away.

Han anföll i raseri, men Buck smet alltid undan.

Buck faked weakness, luring him farther from the herd.

Buck fejkade svaghet och lockade honom längre bort från flocken.

But young bulls were going to charge back to protect the leader.

Men unga tjurar skulle storma tillbaka för att skydda ledaren.

They forced Buck to retreat and the bull to rejoin the group.

De tvingade Buck att retirera och tjuren att återförenas med gruppen.

There is a patience in the wild, deep and unstoppable.

Det finns ett tålamod i det vilda, djupt och ostoppbart.

A spider waits motionless in its web for countless hours.

En spindel väntar orörlig i sitt nät i otaliga timmar.

A snake coils without twitching, and waits till it is time.

En orm slingrar sig utan att rycka och väntar tills det är dags.

A panther lies in ambush, until the moment arrives.

En panter ligger i bakhåll, tills ögonblicket är inne.

This is the patience of predators who hunt to survive.
Detta är tålamodet hos rovdjur som jagar för att överleva.
That same patience burned inside Buck as he stayed close.
Samma tålamod brann inom Buck medan han höll sig nära.
He stayed near the herd, slowing its march and stirring fear.
Han höll sig nära flocken, saktade ner dess marsch och väckte skräck.
He teased the young bulls and harassed the mother cows.
Han retade de unga tjurarna och trakasserade moderkorna.
He drove the wounded bull into a deeper, helpless rage.
Han drev den sårade tjuren in i ett djupare, hjälplöst raseri.
For half a day, the fight dragged on with no rest at all.
I en halv dag drog kampen ut utan någon som helst vila.
Buck attacked from every angle, fast and fierce as wind.
Buck anföll från alla håll, snabbt och våldsamt som vinden.
He kept the bull from resting or hiding with its herd.
Han hindrade tjuren från att vila eller gömma sig med sin hjord.
Buck wore down the moose's will faster than its body.
Bock tärde ut älgens vilja snabbare än dess kropp.
The day passed and the sun sank low in the northwest sky.
Dagen gick och solen sjönk lågt på den nordvästra himlen.
The young bulls returned more slowly to help their leader.
De unga tjurarna återvände långsammare för att hjälpa sin ledare.
Fall nights had returned, and darkness now lasted six hours.
Höstnätterna hade återvänt, och mörkret varade nu i sex timmar.
Winter was pressing them downhill into safer, warmer valleys.
Vintern pressade dem utför till säkrare, varmare dalar.
But still they couldn't escape the hunter that held them back.
Men de kunde ändå inte undkomma jägaren som höll dem tillbaka.
Only one life was at stake—not the herd's, just their leader's.
Bara ett liv stod på spel – inte flockens, bara deras ledares.
That made the threat distant and not their urgent concern.

Det gjorde hotet avlägset och inte deras akuta angelägenhet.

In time, they accepted this cost and let Buck take the old bull.

Med tiden accepterade de denna kostnad och lät Buck ta den gamla tjuren.

As twilight settled in, the old bull stood with his head down.

När skymningen föll stod den gamle tjuren med huvudet nedåt.

He watched the herd he had led vanish into the fading light.

Han såg hjorden han hade lett försvinna in i det bleknande ljuset.

There were cows he had known, calves he had once fathered.

Det fanns kor han hade känt, kalvar han en gång hade fått.

There were younger bulls he had fought and ruled in past seasons.

Det fanns yngre tjurar som han hade kämpat mot och regerat under tidigare säsonger.

He could not follow them — for before him crouched Buck again.

Han kunde inte följa dem – ty framför honom hukade sig Buck återigen.

The merciless fanged terror blocked every path he might take.

Den skoningslösa, huggna skräcken blockerade varje väg han kunde ta.

The bull weighed more than three hundredweight of dense power.

Tjuren vägde mer än tre hundra vikt tät kraft.

He had lived long and fought hard in a world of struggle.

Han hade levt länge och kämpat hårt i en värld av kamp.

Yet now, at the end, death came from a beast far beneath him.

Ändå, nu, till slut, kom döden från ett odjur långt under honom.

Buck's head did not even rise to the bull's huge knuckled knees.

Bucks huvud nådde inte ens tjurens väldiga, knogiga knän.

From that moment on, Buck stayed with the bull night and day.

Från det ögonblicket stannade Buck hos tjuren natt och dag.

He never gave him rest, never allowed him to graze or drink.

Han gav honom aldrig vila, tillät honom aldrig att beta eller dricka.

The bull tried to eat young birch shoots and willow leaves.

Tjuren försökte äta unga björkskott och pilblad.

But Buck drove him off, always alert and always attacking.

Men Buck drev bort honom, alltid vaken och alltid anfallande.

Even at trickling streams, Buck blocked every thirsty attempt.

Även vid porlande bäckar blockerade Buck varje törstigt försök.

Sometimes, in desperation, the bull fled at full speed.

Ibland, i desperation, flydde tjuren i full fart.

Buck let him run, loping calmly just behind, never far away.

Buck lät honom springa, lugnt hopande strax bakom, aldrig långt borta.

When the moose paused, Buck lay down, but stayed ready.

När älgen stannade lade sig Buck ner, men förblev redo.

If the bull tried to eat or drink, Buck struck with full fury.

Om tjuren försökte äta eller dricka, slog Buck till med full ilska.

The bull's great head sagged lower under its vast antlers.

Tjurens stora huvud sänktes lägre under dess väldiga horn.

His pace slowed, the trot became a heavy; a stumbling walk.

Hans tempo saktade ner, travet blev tungt; en stapplande skritt.

He often stood still with drooped ears and nose to the ground.

Han stod ofta stilla med hängande öron och nosen mot marken.

During those moments, Buck took time to drink and rest.

Under dessa stunder tog Buck sig tid att dricka och vila.

Tongue out, eyes fixed, Buck sensed the land was changing.

Med tungan utsträckt, ögonen fästa, kände Buck att landet
förändrades.

He felt something new moving through the forest and sky.
Han kände något nytt röra sig genom skogen och himlen.

As moose returned, so did other creatures of the wild.
När älgarna återvände, gjorde även andra vilda varelser det.

**The land felt alive with presence, unseen but strongly
known.**
Landet kändes levande med närvaro, osynligt men starkt känt.

It was not by sound, sight, nor by scent that Buck knew this.
Det var varken genom ljud, syn eller doft som Buck visste
detta.

A deeper sense told him that new forces were on the move.
En djupare känsla sade honom att nya krafter var i rörelse.

**Strange life stirred through the woods and along the
streams.**
Märkligt liv rörde sig genom skogarna och längs bäckarna.

**He resolved to explore this spirit, after the hunt was
complete.**
Han bestämde sig för att utforska denna ande, efter att jakten
var avslutad.

On the fourth day, Buck brought down the moose at last.
På den fjärde dagen fällde Buck äntligen älgen.

**He stayed by the kill for a full day and night, feeding and
resting.**
Han stannade vid bytet en hel dag och natt, åt och vilade.

**He ate, then slept, then ate again, until he was strong and
full.**
Han åt, sedan sov han, sedan åt han igen, tills han var stark
och mätt.

**When he was ready, he turned back toward camp and
Thornton.**
När han var redo vände han sig tillbaka mot lägret och
Thornton.

With steady pace, he began the long return journey home.
Med jämn takt påbörjade han den långa hemresan.

He ran in his tireless lope, hour after hour, never once straying.

Han sprang i sitt outtröttliga lopp, timme efter timme, utan att någonsin avvika.

Through unknown lands, he moved straight as a compass needle.

Genom okända länder rörde han sig rakt som en kompassnål.

His sense of direction made man and map seem weak by comparison.

Hans riktningssinne fick människan och kartan att verka svaga i jämförelse.

As Buck ran, he felt more strongly the stir in the wild land.

Medan Buck sprang, kände han starkare av uppståndelsen i det vilda landskapet.

It was a new kind of life, unlike that of the calm summer months.

Det var ett nytt slags liv, till skillnad från de lugna sommarmånaderna.

This feeling no longer came as a subtle or distant message.

Denna känsla kom inte längre som ett subtilt eller avlägset budskap.

Now the birds spoke of this life, and squirrels chattered about it.

Nu talade fåglarna om detta liv, och ekorrarna pladdrade om det.

Even the breeze whispered warnings through the silent trees.

Till och med brisen viskade varningar genom de tysta träden.

Several times he stopped and sniffed the fresh morning air.

Flera gånger stannade han och sniffade i den friska morgonluften.

He read a message there that made him leap forward faster.

Han läste ett meddelande där som fick honom att hoppa framåt snabbare.

A heavy sense of danger filled him, as if something had gone wrong.

En stark känsla av fara fyllde honom, som om något hade gått fel.

He feared calamity was coming—or had already come.

Han befarade att olyckan var på väg – eller redan hade kommit.

He crossed the last ridge and entered the valley below.

Han korsade den sista bergskammen och kom in i dalen nedanför.

He moved more slowly, alert and cautious with every step.

Han rörde sig långsammare, vaksam och försiktig med varje steg.

Three miles out he found a fresh trail that made him stiffen.

Tre mil bort hittade han ett nytt spår som fick honom att stelna till.

The hair along his neck rippled and bristled in alarm.

Håret längs hans hals krusade och borstade av oro.

The trail led straight toward the camp where Thornton waited.

Stigen ledde rakt mot lägret där Thornton väntade.

Buck moved faster now, his stride both silent and swift.

Buck rörde sig snabbare nu, hans steg både tysta och snabba.

His nerves tightened as he read signs others were going to miss.

Hans nerver spändes när han läste tecken som andra skulle missa.

Each detail in the trail told a story—except the final piece.

Varje detalj i leden berättade en historia – förutom den sista biten.

His nose told him about the life that had passed this way.

Hans näsa berättade honom om livet som hade passerat på detta sätt.

The scent gave him a changing picture as he followed close behind.

Doften gav honom en växlande bild när han följde tätt efter.

But the forest itself had gone quiet; unnaturally still.

Men skogen själv hade blivit tyst; onaturligt stilla.

Birds had vanished, squirrels were hidden, silent and still.

Fåglar hade försvunnit, ekorrar var gömda, tysta och stilla.

He saw only one gray squirrel, flat on a dead tree.

Han såg bara en grå ekorre, platt på ett dött träd.

The squirrel blended in, stiff and motionless like a part of the forest.

Ekorren smälte in i gruppen, stel och orörlig som en del av skogen.

Buck moved like a shadow, silent and sure through the trees.

Buck rörde sig som en skugga, tyst och säker genom träden.

His nose jerked sideways as if pulled by an unseen hand.

Hans näsa ryckte åt sidan som om den drogs av en osynlig hand.

He turned and followed the new scent deep into a thicket.

Han vände sig om och följde den nya doften djupt in i ett snår.

There he found Nig, lying dead, pierced through by an arrow.

Där fann han Nig, liggande död, genomborrad av en pil.

The shaft passed clear through his body, feathers still showing.

Skaftet gick rakt genom hans kropp, fjädrarna syntes fortfarande.

Nig had dragged himself there, but died before reaching help.

Nig hade släpat sig dit, men dog innan han nådde fram till hjälp.

A hundred yards farther on, Buck found another sled dog.

Hundra meter längre fram hittade Buck en annan slädhund.

It was a dog that Thornton had bought back in Dawson City.

Det var en hund som Thornton hade köpt hemma i Dawson City.

The dog was in a death struggle, thrashing hard on the trail.

Hunden var i en dödskamp och sprattlade hårt på stigen.

Buck passed around him, not stopping, eyes fixed ahead.

Buck gick förbi honom utan att stanna, med blicken fäst framåt.

From the direction of the camp came a distant, rhythmic chant.

Från lägret kom en avlägsen, rytmisk sång.

Voices rose and fell in a strange, eerie, sing-song tone.

Röster höjdes och sjönk i en märklig, kuslig, sjungande ton.

Buck crawled forward to the edge of the clearing in silence.

Buck kröp fram till gläntans kant i tystnad.

There he saw Hans lying face-down, pierced with many arrows.

Där såg han Hans ligga med ansiktet nedåt, genomborrad av många pilar.

His body looked like a porcupine, bristling with feathered shafts.

Hans kropp såg ut som ett piggsvin, full av befjädrade skaft.

At the same moment, Buck looked toward the ruined lodge.

I samma ögonblick tittade Buck mot den förstörda stugan.

The sight made the hair rise stiff on his neck and shoulders.

Synen fick håret att resa sig stelt på hans nacke och axlar.

A storm of wild rage swept through Buck's whole body.

En storm av vild ilska svepte genom hela Bucks kropp.

He growled aloud, though he did not know that he had.

Han morrade högt, fast han inte visste att han hade gjort det.

The sound was raw, filled with terrifying, savage fury.

Ljudet var rått, fyllt av skrämmande, vild ilska.

For the last time in his life, Buck lost reason to emotion.

För sista gången i sitt liv tappade Buck förståndet till förmån för känslorna.

It was love for John Thornton that broke his careful control.

Det var kärleken till John Thornton som bröt hans noggranna kontroll.

The Yeehats were dancing around the wrecked spruce lodge.

Familjen Yeehat dansade runt den förfallna granstugan.

Then came a roar—and an unknown beast charged toward them.

Sedan kom ett vrål – och ett okänt odjur stormade mot dem.

It was Buck; a fury in motion; a living storm of vengeance.

Det var Buck; ett raseri i rörelse; en levande hämndstorm.

He flung himself into their midst, mad with the need to kill.

Han kastade sig mitt ibland dem, galen av behovet att döda.

He leapt at the first man, the Yeehat chief, and struck true.

Han hoppade på den förste mannen, Yeehat-hövdingen, och slog till.

His throat was ripped open, and blood spouted in a stream.

Hans hals var uppriven och blod sprutade fram i en ström.

Buck did not stop, but tore the next man's throat with one leap.

Buck stannade inte, utan slet av nästa mans hals med ett enda språng.

He was unstoppable—ripping, slashing, never pausing to rest.

Han var ostoppbar – slet sönder, högg, stannade aldrig upp för att vila.

He darted and sprang so fast their arrows could not touch him.

Han pilade och sprang så fort att deras pilar inte kunde nå honom.

The Yeehats were caught in their own panic and confusion.

Familjen Yeehat var fångade i sin egen panik och förvirring.

Their arrows missed Buck and struck one another instead.

Deras pilar missade Buck och träffade varandra istället.

One youth threw a spear at Buck and hit another man.

En yngling kastade ett spjut mot Buck och träffade en annan man.

The spear drove through his chest, the point punching out his back.

Spjutet trängde igenom hans bröst, spetsen stack ut hans rygg.

Terror swept over the Yeehats, and they broke into full retreat.

Skräck svepte över Yeehats, och de bröt sig till full reträtt.

They screamed of the Evil Spirit and fled into the forest shadows.

De skrek efter den onda anden och flydde in i skogens skuggor.

Truly, Buck was like a demon as he chased the Yeehats down.

Buck var sannerligen som en demon när han jagade Yeehats.

He tore after them through the forest, bringing them down like deer.

Han rusade efter dem genom skogen och fällde dem som hjortar.

It became a day of fate and terror for the frightened Yeehats.

Det blev en ödets och skräckens dag för de skrämda Yeehats.

They scattered across the land, fleeing far in every direction.

De spreds över landet och flydde långt i alla riktningar.

A full week passed before the last survivors met in a valley.

En hel vecka gick innan de sista överlevande möttes i en dal.

Only then did they count their losses and speak of what happened.

Först då räknade de sina förluster och talade om vad som hände.

Buck, after tiring of the chase, returned to the ruined camp.

Efter att ha tröttnat på jakten återvände Buck till det förstörda lägret.

He found Pete, still in his blankets, killed in the first attack.

Han hittade Pete, fortfarande i sina filtar, dödad i den första attacken.

Signs of Thornton's last struggle were marked in the dirt nearby.

Spår av Thorntons sista kamp fanns markerade i jorden i närheten.

Buck followed every trace, sniffing each mark to a final point.

Buck följde varje spår och nosade på varje märke ända till en slutpunkt.

At the edge of a deep pool, he found faithful Skeet, lying still.

Vid kanten av en djup damm fann han den trogne Skeet, liggande stilla.

Skeet's head and front paws were in the water, unmoving in death.

Skeets huvud och framtassar var i vattnet, orörliga i döden.

The pool was muddy and tainted with runoff from the sluice boxes.

Poolen var lerig och befläckad av avrinning från slusslådorna.

Its cloudy surface hid what lay beneath, but Buck knew the truth.

Dess molniga yta dolde vad som låg under, men Buck visste sanningen.

He tracked Thornton's scent into the pool — but the scent led nowhere else.

Han följde Thorntons doft ner i dammen – men doften ledde ingen annanstans.

There was no scent leading out — only the silence of deep water.

Det fanns ingen doft som ledde ut – bara tystnaden av djupt vatten.

All day Buck stayed near the pool, pacing the camp in grief.

Hela dagen stannade Buck nära dammen och gick sorgset fram och tillbaka i lägret.

He wandered restlessly or sat in stillness, lost in heavy thought.

Han vandrade rastlöst omkring eller satt stilla, försjunken i tunga tankar.

He knew death; the ending of life; the vanishing of all motion.

Han kände döden; livets slut; all rörelses försvinnande.

He understood that John Thornton was gone, never to return.

Han förstod att John Thornton var borta och aldrig skulle återvända.

The loss left an empty space in him that throbbed like hunger.

Förlusten lämnade ett tomrum inom honom som pulserade som hunger.

But this was a hunger food could not ease, no matter how much he ate.

Men detta var en hunger som mat inte kunde stilla, oavsett hur mycket han åt.

At times, as he looked at the dead Yeehats, the pain faded.

Ibland, när han tittade på de döda Yeehats, bleknade smärtan.

And then a strange pride rose inside him, fierce and complete.

Och sedan steg en märklig stolthet inom honom, våldsam och fullständig.

He had killed man, the highest and most dangerous game of all.

Han hade dödat människan, det högsta och farligaste spelet av alla.

He had killed in defiance of the ancient law of club and fang.

Han hade dödat i strid med den urgamla lagen om klubba och huggtand.

Buck sniffed their lifeless bodies, curious and thoughtful.

Buck sniffade på deras livlösa kroppar, nyfiken och fundersam.

They had died so easily—much easier than a husky in a fight.

De hade dött så lätt – mycket lättare än en husky i ett slagsmål.

Without their weapons, they had no true strength or threat.

Utan sina vapen hade de ingen verklig styrka eller hot.

Buck was never going to fear them again, unless they were armed.

Buck skulle aldrig bli rädd för dem igen, om de inte var beväpnade.

Only when they carried clubs, spears, or arrows he'd beware.

Bara när de bar klubbor, spjut eller pilar skulle han akta sig.

Night fell, and a full moon rose high above the tops of the trees.

Natten föll, och en fullmåne steg högt över trädens toppar.

The moon's pale light bathed the land in a soft, ghostly glow like day.

Månens bleka ljus badade landet i ett mjukt, spöklikt sken likt dag.

As the night deepened, Buck still mourned by the silent pool.

Medan natten blev djupare sörjde Buck fortfarande vid den tysta dammen.

Then he became aware of a different stirring in the forest.

Sedan blev han medveten om en annan rörelse i skogen.

The stirring was not from the Yeehats, but from something older and deeper.

Uppståndelsen kom inte från Yeehats, utan från något äldre och djupare.

He stood up, ears lifted, nose testing the breeze with care.

Han reste sig upp, med öronen lyfta och näsan undersökte försiktigt vinden.

From far away came a faint, sharp yelp that pierced the silence.

Fjärranifrån hördes ett svagt, skarpt skrik som genombröt tystnaden.

Then a chorus of similar cries followed close behind the first.

Sedan följde en kör av liknande rop tätt efter det första.

The sound drew nearer, growing louder with each passing moment.

Ljudet kom närmare och blev högre för varje ögonblick som gick.

Buck knew this cry—it came from that other world in his memory.

Buck kände igen det här ropet – det kom från den där andra världen i hans minne.

He walked to the center of the open space and listened closely.

Han gick till mitten av den öppna platsen och lyssnade uppmärksamt.

The call rang out, many-noted and more powerful than ever.

Ropet ljöd, mångnoterat och kraftfullare än någonsin.

And now, more than ever before, Buck was ready to answer his calling.

Och nu, mer än någonsin tidigare, var Buck redo att svara på hans kallelse.

John Thornton was dead, and no tie to man remained within him.

John Thornton var död, och ingen koppling till människan fanns kvar inom honom.

Man and all human claims were gone—he was free at last.

Människan och alla mänskliga anspråk var borta – han var äntligen fri.

The wolf pack were chasing meat like the Yeehats once had.

Vargflocken jagade kött precis som Yeehats en gång gjorde.

They had followed moose down from the timbered lands.

De hade följt älgar ner från de skogsklädda markerna.

Now, wild and hungry for prey, they crossed into his valley.

Nu, vilda och hungriga efter byte, korsade de in i hans dal.

Into the moonlit clearing they came, flowing like silver water.

In i den månbelysta gläntan kom de, flödande som silverfärgat vatten.

Buck stood still in the center, motionless and waiting for them.

Buck stod stilla i mitten, orörlig och väntade på dem.

His calm, large presence stunned the pack into a brief silence.

Hans lugna, stora närvaro chockade flocken till en kort tystnad.

Then the boldest wolf leapt straight at him without hesitation.

Då hoppade den djärvaste vargen rakt på honom utan att tveka.

Buck struck fast and broke the wolf's neck in a single blow.

Buck slog till snabbt och bröt vargens nacke i ett enda slag.

He stood motionless again as the dying wolf twisted behind him.

Han stod orörlig igen medan den döende vargen vred sig bakom honom.

Three more wolves attacked quickly, one after the other.

Tre fler vargar attackerade snabbt, en efter en.

Each retreated bleeding, their throats or shoulders slashed.

Var och en drog sig tillbaka blödande, med uppskurna halsar eller axlar.

That was enough to trigger the whole pack into a wild charge.

Det räckte för att utlösa en vild attack mot hela flocken.

They rushed in together, too eager and crowded to strike well.

De rusade in tillsammans, för ivriga och för trånga för att slå till ordentligt.

Buck's speed and skill allowed him to stay ahead of the attack.

Bucks snabbhet och skicklighet gjorde att han kunde ligga steget före attacken.

He spun on his hind legs, snapping and striking in all directions.

Han snurrade runt på bakbenen, fräste och slog i alla riktningar.

To the wolves, this seemed like his defense never opened or faltered.

För vargarna verkade det som om hans försvar aldrig öppnades eller vacklade.

He turned and slashed so quickly they could not get behind him.

Han vände sig om och högg så snabbt att de inte kunde komma bakom honom.

Nonetheless, their numbers forced him to give ground and fall back.

Ändå tvingade deras antal honom att ge mark och backa.

He moved past the pool and down into the rocky creek bed.

Han rörde sig förbi dammen och ner i den steniga bäckfåran.

There he came up against a steep bank of gravel and dirt.

Där stötte han på en brant sluttning av grus och jord.

He edged into a corner cut during the miners' old digging.

Han körde in i ett hörn som skars av under gruvarbetarnas gamla grävning.

Now, protected on three sides, Buck faced only the front wolf.

Nu, skyddad från tre sidor, stod Buck bara inför den främsta vargen.

There, he stood at bay, ready for the next wave of assault.

Där stod han i schack, redo för nästa våg av anfall.

Buck held his ground so fiercely that the wolves drew back.

Buck stod så hårt stånd att vargarna drog sig tillbaka.

After half an hour, they were worn out and visibly defeated.

Efter en halvtimme var de utmattade och synbart besegrade.

Their tongues hung out, their white fangs gleamed in moonlight.

Deras tungor hängde ut, deras vita huggtänder glänste i månskenet.

Some wolves lay down, heads raised, ears pricked toward Buck.

Några vargar lade sig ner med huvudet höjd och öronen spetsade mot Buck.

Others stood still, alert and watching his every move.

Andra stod stilla, vaksamma och iakttog hans varje rörelse.

A few wandered to the pool and lapped up cold water.

Några gick till poolen och drack kallt vatten.

Then one long, lean gray wolf crept forward in a gentle way.

Sedan smög en lång, mager grå varg fram på ett försiktigt sätt.

Buck recognized him—it was the wild brother from before.

Buck kände igen honom – det var den vilde brodern från förr.

The gray wolf whined softly, and Buck replied with a whine.

Den grå vargen gnällde mjukt, och Buck svarade med ett gnäll.

They touched noses, quietly and without threat or fear.

De rörde vid näsorna, tyst och utan hot eller rädsla.

Next came an older wolf, gaunt and scarred from many battles.

Nästa kom en äldre varg, mager och ärrad efter många strider.

Buck started to snarl, but paused and sniffed the old wolf's nose.

Buck började morra, men tystnade och sniffade på den gamle vargens nos.

The old one sat down, raised his nose, and howled at the moon.

Den gamle satte sig ner, höjde på nosen och ylade mot månen.

The rest of the pack sat down and joined in the long howl.

Resten av flocken satte sig ner och medverkade i det långa ylandet.

And now the call came to Buck, unmistakable and strong.

Och nu kom kallelsen till Buck, otvetydig och stark.

He sat down, lifted his head, and howled with the others.

Han satte sig ner, lyfte huvudet och ylade med de andra.

When the howling ended, Buck stepped out of his rocky shelter.

När ylandet tog slut klev Buck ut ur sitt steniga skydd.

The pack closed in around him, sniffing both kindly and warily.

Flocken slöt sig om honom och nosade både vänligt och försiktigt.

Then the leaders gave the yelp and dashed off into the forest.

Sedan gav ledarna till ett skrik och sprang iväg in i skogen.

The other wolves followed, yelping in chorus, wild and fast in the night.

De andra vargarna följde efter, skrikande i kör, vilda och snabba i natten.

Buck ran with them, beside his wild brother, howling as he ran.

Buck sprang med dem, bredvid sin vilde bror, och ylade medan han sprang.

Here, the story of Buck does well to come to its end.

Här gör berättelsen om Buck det bra att nå sitt slut.

In the years that followed, the Yeehats noticed strange wolves.

Under åren som följde lade Yeehats märke till konstiga vargar.

Some had brown on their heads and muzzles, white on the chest.

Vissa hade brunt på huvudet och nospartiet, vitt på bröstet.

But even more, they feared a ghostly figure among the wolves.

Men ännu mer fruktade de en spöklik figur bland vargarna.

They spoke in whispers of the Ghost Dog, leader of the pack.

De talade i viskningar om Spökhunden, flockens ledare.

This Ghost Dog had more cunning than the boldest Yeehat hunter.

Denna Spökhund var slughete än den djärvaste Yeehat-jägaren.

The ghost dog stole from camps in deep winter and tore their traps apart.

Spökhunden stal från läger i djupvinter och slet sönder deras fällor.

The ghost dog killed their dogs and escaped their arrows without a trace.

Spökhunden dödade deras hundar och undkom deras pilar spårlöst.

Even their bravest warriors feared to face this wild spirit.

Till och med deras modigaste krigare fruktade att möta denna vilda ande.

No, the tale grows darker still, as the years pass in the wild.

Nej, berättelsen blir ännu mörkare allt eftersom åren går i det vilda.

Some hunters vanish and never return to their distant camps.

Vissa jägare försvinner och återvänder aldrig till sina avlägsna läger.

Others are found with their throats torn open, slain in the snow.

Andra hittas med uppslitna halsar, döda i snön.

Around their bodies are tracks — larger than any wolf could make.

Runt deras kroppar finns spår – större än någon varg skulle kunna göra.

Each autumn, Yeehats follow the trail of the moose.

Varje höst följer Yeehats älgens spår.

But they avoid one valley with fear carved deep into their hearts.

Men de undviker en dal med rädsla djupt inristad i sina hjärtan.

They say the valley is chosen by the Evil Spirit for his home.

De säger att dalen är utvald av den onda anden för sitt hem.

And when the tale is told, some women weep beside the fire.

Och när historien berättas gråter några kvinnor bredvid elden.

But in summer, one visitor comes to that quiet, sacred valley.

Men på sommaren kommer en besökare till den tysta, heliga dalen.

The Yeehats do not know of him, nor could they understand.

Yeehats känner inte till honom, och de kunde inte heller förstå.

The wolf is a great one, coated in glory, like no other of his kind.

Vargen är en stor varelse, täckt av prakt, olik ingen annan i sitt slag.

He alone crosses from green timber and enters the forest glade.

Han ensam går över från det gröna skogsområdet och in i skogsgläntan.

There, golden dust from moose-hide sacks seeps into the soil.

Där sipprar gyllene damm från älgskinnssäckar ner i jorden.

Grass and old leaves have hidden the yellow from the sun.

Gräs och gamla löv har dolt det gula från solen.

Here, the wolf stands in silence, thinking and remembering.

Här står vargen i tystnad, tänker och minns.

He howls once—long and mournful—before he turns to go.

Han ylar en gång – långt och sorgset – innan han vänder sig om för att gå.

Yet he is not always alone in the land of cold and snow.

Ändå är han inte alltid ensam i kylans och snöns land.

When long winter nights descend on the lower valleys.

När långa vinternätter sänker sig över de lägre dalarna.

When the wolves follow game through moonlight and frost.

När vargarna följer vilt genom månsken och frost.

Then he runs at the head of the pack, leaping high and wild.

Sedan springer han i spetsen för flocken, hoppande högt och vilt.

His shape towers over the others, his throat alive with song.

Hans gestalt tornar upp sig över de andra, hans strupe levande av sång.

It is the song of the younger world, the voice of the pack.

Det är den yngre världens sång, flockens röst.

He sings as he runs—strong, free, and forever wild.

Han sjunger medan han springer – stark, fri och evigt vild.